elefante

elefante

**Edição**
Tadeu Breda

**Revisão**
Luiza Brandino

**Foto de capa**
Sérgio Tomisaki/Folhapress

**Capa & direção de arte**
Bianca Oliveira

**Diagramação**
Daniela Miwa Taira

# INQUÉRITO PAULO FREIRE

ORG.
JOANA SALÉM VASCONCELOS

# A DITADURA INTERROGA O EDUCADOR

# O OPRESSOR EDUCA AO CONTRÁRIO O OPRIMIDO

— Paulo Freire,
*Aprendendo com a própria história*

# NOTA DA ORGANIZADORA

Este livro traz uma reprodução fiel de dois interrogatórios que constam no Inquérito Policial Militar (IPM) contra Paulo Freire, acusado pela ditadura, em 1964, de criar um método de politização disfarçado de alfabetização, subversivo, que, segundo os militares, ampliaria a adesão dos brasileiros ao marxismo. Uma cópia desses documentos se encontra no Centro de Referência do Instituto Paulo Freire, em São Paulo. Os originais provavelmente estão no Arquivo Público Estadual Jordão Emerenciano, de Pernambuco, junto ao Prontuário da Delegacia de Segurança Pública referente a Paulo Freire, parcialmente digitalizado pela Comissão Estadual da Memória e Verdade Dom Hélder Câmara (CEMV), de Pernambuco.

No texto, foram preservados propositalmente, com a indicação [*sic*], alguns termos empregados pelo escrivão do IPM. Mantiveram-se ainda, em letras maiúsculas, palavras inteiras nos casos em que o escrivão optou por grafá-las dessa forma. Por outro lado, foram corrigidos desvios gramaticais e ortográficos, erros de digitação e acentuação. Revisou-se a colocação das vírgulas e criou-se uma paragrafação inexistente no original. Incluiu-se, entre colchetes, uma marcação que indica a página do documento em que se encontra cada trecho. Em poucos casos, foram acrescentadas, também entre colchetes, palavras cuja ausência poderia comprometer o sentido da frase. Por fim, o texto foi atualizado segundo o Acordo Ortográfico da Língua Portuguesa que passou a vigorar no Brasil em 2009.

Todas as notas explicativas e contextuais foram redigidas pela organizadora.

# APRESENTAÇÃO

## HORROR À RIGIDEZ

Em 1964, Paulo Freire foi preso duas vezes pelo 4º Exército. Na primeira, em 16 de junho (aniversário de sua esposa, Elza), foi levado de casa por dois soldados e permaneceu com paradeiro desconhecido por mais de 24 horas (CEMV, 2012, p. 144). Oficiais chegaram a negar que Freire estivesse detido, mesmo com sua família tendo testemunhado a prisão. Depois, admitiram que ele estava encarcerado na 2ª Companhia de Guardas do Recife. Em Pernambuco, como em outros estados, "havia muito pouco controle ou coordenação sobre as atividades repressivas dos vários coronéis e capitães do Exército que detinham funções de comando", explica o historiador Joseph Page (CEMV, 2012, p. 143). A arbitrariedade podia vir de qualquer lado.

Freire ficou preso por mais de setenta dias, entre junho e setembro de 1964, na 2ª Companhia de Guardas do Recife, no 14º Regimento de Infantaria do Recife e na Cadeia de Olinda. Amargou o começo da prisão numa cela solitária, com apenas 60 centímetros de largura e 1,7 metro de comprimento, com "paredes de cimento áspero, [onde] não dava para encostar o corpo" (Freire & Guimarães, 2010, p. 54), como lembraria mais tarde. Além dele, dezenas de educadores e alfabetizadores do Serviço de Extensão Cultural (SEC) da Universidade do Recife (UR) — atual Universidade Federal de Pernambuco (UFPE) — dedicados à prática da sua pedagogia se tornaram presos políticos nos primeiros meses da ditadura, pelo mesmo motivo: alfabetizar adultos. Em 1960, o Instituto Brasileiro de Geografia e Estatística (IBGE) contabilizou que 40% da população maior de quinze anos não sabia ler e escrever. Consequentemente, não podia votar. Na reforma eleitoral do presidente João Goulart, previa-se a possibilidade do voto dos analfabetos.

Em 31 de março de 1964, Freire estava em Brasília. Antes de voltar ao Recife, escondeu-se por cerca de um mês na casa de Luiz Bronzeado, um amigo que era deputado pela União Democrática Nacional (UDN), partido direitista que apoiara o golpe (Freire & Guimarães, 2010, p. 46). Enquanto isso, na UR, sua sala foi invadida e devassada por militares, que confiscaram e destruíram "doze quadros pintados por Francisco Brennand para ilustrar as aulas de alfabetização pelo método Paulo Freire" (CEMV, 2012, p. 142). Um deles representava um trabalhador rural com uma espingarda de caça e fazia parte da situação existencial número 4 dos círculos de pré-alfabetização sobre natureza e cultura. Foi interpretado pelos militares como um incentivo à luta armada. "Imagina", lembrou Freire, "dizia-se que aquilo era a maneira com que se treinavam guerrilheiros" (Freire & Guimarães, 2010, p. 93).

Pouco depois, em maio de 1964, o sociólogo Gilberto Freyre escreveu artigos no *Diário de Pernambuco* e no *Jornal do Commercio*, nos quais "pediu a cabeça do reitor da Universidade do Recife, por achar que 'comunistas' ou 'paracomunistas' haviam se apossado da rádio universitária, do serviço de extensão e das campanhas de alfabetização, encabeçadas por Paulo Freire" (CEMV, 2012, p. 240, 258).

Segundo documentou a Comissão Estadual da Memória e Verdade Dom Hélder Câmara (CEMV),

> Criou-se em Pernambuco um verdadeiro clima de insegurança. Os que tiveram condições de sair do estado, indiciados ou não em sindicâncias e Inquéritos Policiais Militares, transferiram-se para outras regiões do país ou para o exterior. Inúmeros pernambucanos, uma parte de intelectuais de Pernambuco, foi presa, perseguida, alguns foram torturados. (CEMV, 2012, p. 92)

Em 1964, foram criados cerca de 760 Inquéritos Policiais Militares (IPM) no Brasil, dispositivo da repressão que se tornou o "reduto da linha dura militar", segundo o historiador Rodrigo Patto Sá Motta (2014, p. 49). Embora os IPM não tivessem poder para condenar, tinham "poder suficiente para amedrontar e coagir" (Motta, 2014, p. 50). Os registros do IPM contra Paulo Freire indicam que ele foi interrogado duas vezes pelo tenente-coronel Hélio Ibiapina Lima, líder do golpe em Pernambuco e comandante do aparato de vigilância e repressão no estado.

Membro da chamada "linha dura", o interrogador de Paulo Freire era chefe da 2ª Seção do Comando Militar do Nordeste, também conhecido como 4º Exército. Dedicou-se a caçar o que ele chamava de "comunistas disfarçados de anjo" e "desordeiros disfarçados de reformadores" (CEMV, 2012, p. 274). Ibiapina era amigo dos proprietários do *Jornal do Commercio*, visitava-os com frequência e mantinha uma coluna no periódico intitulada "Cartas ao tio Ibi" (CEMV, 2012, p. 274). Ele dizia que "sociologia é igual a leninismo" e que existiam "padres comunistas que não sabem que são comunistas" (CEMV, 2012, p. 77). Também era amigo íntimo de Humberto de Alencar Castello Branco, com quem alimentava uma constante troca de cartas, embora fosse mais adepto da tortura irrestrita do que o general então empossado presidente.[1] Não por

1 Com nuances de opinião diferentes a respeito da tortura, Castello Branco escreveu em carta para Ibiapina: "Cada episódio fora da lei

acaso, Ibiapina foi um dos maiores responsáveis pelas sevícias aos presos políticos em Pernambuco, uma vez que comandava o IPM do Nordeste e o IPM Rural (CEMV, 2012, p. 93, 106, 196).[2]

O primeiro interrogatório de Hélio Ibiapina com Paulo Freire ocorreu em 1º de julho de 1964, quinze dias depois de sua "prisão para averiguação". Constava no prontuário da Delegacia de Segurança Pública de Pernambuco que Freire "era um dos responsáveis pela subversão no campo da alfabetização de adultos" e que "essa subversão era executada com recursos financeiros do próprio governo federal, com ajuda da Aliança para o Progresso".[3]

---

é um passo atrás na opinião pública (não é a opinião demagógica) e uma restrição no estrangeiro. Precisamos resolver os problemas que nos desafiam. Não sou somente presidente de expurgos e prisões" (CEMV, 2012, p. 112).

2 Exemplos de relatos de torturas comandadas por Ibiapina podem ser encontrados em CEMV (2012, p. 263-4). Mortes e desaparecimentos comandados pelo dispositivo do IPM Rural podem ser encontrados em CNV (2012b, p. 116).

3 Prontuário Individual de Paulo Reglus Neves Freire. Arquivo Público Estadual Jordão Emerenciano. Dops-PE, nº 45.272, Fundo 21.440. A Aliança para o Progresso foi um programa de financiamento internacional promovido pelos Estados Unidos a partir de 1961 para, alegadamente, acelerar o desenvolvimento econômico e social da América Latina, mas cuja principal motivação foi frear o avanço do socialismo na região após o sucesso da Revolução Cubana, em 1959.

Ironicamente, militares brasileiros acusavam Freire de "traição à pátria", mas também de haver enganado Lincoln Gordon, embaixador estadunidense no Brasil, e a Agência dos Estados Unidos para o Desenvolvimento Internacional (USAID), financiadora de seus projetos de alfabetização em parceria com governadores do Nordeste. Segundo o IPM, Freire teria conseguido "ludibriar o governo com seu 'suposto método' de alfabetização para vendê-lo em diversas situações", fazendo da cidade de Angicos (RN) uma "experiência [...] de alta rentabilidade para o movimento comunista", na qual "a porcentagem maior foi de 'politização', não de alfabetização".[4] Segundo os militares, "o MCP [Movimento de Cultura Popular] era a máquina da municipalidade a serviço do comunismo internacional" e "ali foi aplicado o método Paulo Freire".[5]

Ibiapina não era um coronel qualquer. Além de comandar a repressão, as emboscadas e a tortura em Pernambuco, em 1965 foi destacado para fazer um curso na Escola das Américas, no Panamá, com instrutores estadunidenses. Décadas mais tarde, em 1998, Ibiapina disse à *Folha de S. Paulo*, em tom de crítica, que na Escola das Américas "não

4 Prontuário Individual de Paulo Reglus Neves Freire. Arquivo Público Estadual Jordão Emerenciano. Dops-PE, nº 45.272, Fundo 21.440.

5 *Idem*.

ensinavam a matar gente" e que a formação lá oferecida era "muito fraca". Aparentemente, suas expectativas foram frustradas — talvez esperasse conteúdos mais avançados no quesito "matar gente".[6]

O IPM contra Paulo Freire caracterizava o educador da seguinte forma:

> O sr. Paulo Freire é homem notoriamente ligado à política esquerdista. Com beneplácito da reitoria da Universidade do Recife e apoio do então governo, vinha comunizando [*sic*] o Nordeste através de seu método de alfabetização de estilo revolucionário. Viajava constantemente a Brasília, onde mantinha contatos com o então presidente João Goulart e vivia em ligação com Leonel Brizola, Darcy Ribeiro e Paulo [de] Tarso, que aceitaram e deram amplo apoio ao método de alfabetização do referido professor [...]. O nome do sr. Paulo

6 Disse Ibiapina: "Em 1965, fui escalado para fazer o curso na Escola das Américas, no Panamá. Não tinha polícia lá, só Forças Armadas. Não ensinavam a matar gente. Aliás, nesse aspecto, era uma escola muito fraca. Eles acreditavam muito no informante pago, duplo. E o informante duplo não serve para a segurança. [...] A escola era justamente para evitar a ação comunista. Mas, para mim, não serviu de nada. Aquelas aulas eram para quem não tinha curso de Estado-Maior, como eu tinha. A missão complementar que me deram era estudar a Escola das Américas e ver quais os cursos que interessavam ao Brasil" (CNV, 2012a, p. 332).

Freire estava ficando popularizado nas camadas sociais. Torna-se, pois, oportuna a suspensão de seus direitos políticos pelo período de 10 anos. (CNV, 2012a, p. 332)

Paulo Freire nunca patenteou sua pedagogia e tampouco cobrou por ela quaisquer direitos de propriedade intelectual do governo brasileiro. Entretanto, para a ditadura, ele teria lucrado com a venda de seu "suposto método". No interrogatório, o coronel Ibiapina questionou "quanto custou ao governo federal a 'patente' do seu método de 'conscientização' e 'politização'" e, "até o presente momento, de que estados ou territórios da federação recebe 'ROYALTIES' pela aplicação". Freire respondeu que "nunca tirou patente de seu método" e que nenhum estado lhe pagava royalties.[7]

Nos setenta dias em que passou na prisão, Freire cruzou brevemente com Francisco Julião,[8] advogado das Ligas Camponesas e deputado federal pelo Partido Socialista Brasileiro (PSB) de Pernambuco, com quem trocou um abraço silencioso e cúmplice. Dividiu cela com Pelópidas Silveira,[9]

7 Interrogatórios do Inquérito Policial Militar contra Paulo Freire. Centro de Referência do Instituto Paulo Freire. Caixa FPF_MPF_02.

8 Francisco Julião (1915-1999), cassado pela ditadura, exilou-se em Cuernavaca, no México, onde faleceu.

9 Pelópidas Silveira (1915-2008), militante do PSB, governou o Recife entre 1955 e 1959. Depois, tornou-se secretário de Viação do governador Miguel Arraes e, em 1963, foi novamente eleito prefeito da

o primeiro prefeito do Recife eleito pelo voto popular, a quem Freire defendia com afinco. Conversou com Clodomir Morais,[10] que lhe deu curiosos conselhos linguísticos para interrogatórios: "Há palavras que preso não usa em depoimento. Uma delas é 'aliás'. As outras eram, se não me engano, 'por sinal' e 'a propósito'" (Freire & Guimarães, 2010, p. 58), lembrou Freire mais tarde. Foi ajudado por um soldado, que informou Elza sobre o paradeiro exato de Paulo Freire na cela solitária e explicou que, caso ela o visse por aí, ele não responderia ao seu cumprimento. E chegou a ser convidado por um oficial desinformado a alfabetizar os recrutas do quartel, na maioria jovens sem escolaridade secundária, a quem precisou explicar que alfabetizar era justamente o motivo da sua prisão.

Freire era acusado pela ditadura de "politizar" o povo nordestino e ampliar o número de marxistas na região. No primeiro interrogatório do IPM, foi submetido a um conjunto de perguntas, digamos, peculiares, formuladas

---

capital pernambucana, tendo o mandato cassado após o golpe de 1964. Preso pela ditadura entre abril e dezembro, foi compulsoriamente aposentado da Universidade do Recife, onde lecionava.

**10** Clodomir Santos de Morais (1929-2016), sociólogo baiano, internacionalmente conhecido pela criação do "método de capacitação de grandes grupos" (fora do Brasil, nomeado como *large-groups capacitation* ou *método de capacitación masiva*). Foi deputado estadual em Pernambuco pelo PSB e apoiador ativo das Ligas Camponesas. Após sair da prisão, em 1964, exilou-se no Chile.

por seu algoz. Ibiapina o questionou sobre os métodos da pedagogia moderna e as teses de Dalton, Montessori, Mackinder, Decroly, Kilpatrick, "Iena de Peterson" (na verdade, Plano Jena, de Petersen), Cousinet, entre outros. Solicitou que Freire lhe explicasse os conceitos de *tempo* e *temporalidade* na sua pedagogia ("perguntado se, para o depoente, TEMPO E TEMPORALIDADE são sinônimos, respondeu que não"), bem como os de *reflexidade, transcendentalidade, humanização, pragmatismo* e *teoria do trânsito.* O militar arguiu o educador sobre a ausência de originalidade de seu "suposto método" (com as insistentes aspas do escrivão), ao que Paulo Freire respondeu que nunca teve "preocupação com se julgar original".[11]

Ibiapina mostrou-se obcecado com a propaganda realizada pela imprensa sobre a eficácia das 40 horas de Angicos, buscando extrair de Freire alguma conspiração que envolvesse a velocidade do método ("perguntado se o depoente pode explicar o motivo por que [...] tem tanta ânsia de fixar um período de tempo, respondeu que não tem tanta ânsia em fixar tempo rápido para alfabetização").[12]

---

**11** Interrogatórios do Inquérito Policial Militar contra Paulo Freire. Centro de Referência do Instituto Paulo Freire. Caixa FPF_MPF_02.
**12** *Idem.*

Com mentalidade típica da caserna, o coronel não compreendia ou não se conformava com o fato de que Freire rejeitasse o uso de cartilhas. Assim registrou o escrivão:

> Perguntado por que o depoente tem tanto horror à rigidez e mesmo à esquematização [...], não admitindo uma cartilha, que o depoente julga a todas reacionárias, respondeu que [...] não aceita os esquemas rígidos porque os considera limitadores da inteligência do homem.

O segundo interrogatório registrado no IPM ocorreu em 16 de setembro, e foi mais duro e mais breve. Àquela altura, Freire já havia experimentado a solitária e outras privações do cárcere. Sentia mais medo e, quando foi solto, alguns dias depois, não estava livre: permaneceu vigiado e obrigado a assinar um diário na delegacia. Ao seu redor, via amigos e colegas de trabalho demitidos, perseguidos, presos e torturados. Mesmo assim, no início, rechaçou a ideia de sair do país. Só aos poucos, e depois dessa temporada na cadeia, convenceu-se de que o perigo que corria era real.

Por isso, antes da efetivação de sua terceira prisão, que já estava anunciada, faltou ao interrogatório a que havia sido convocado no Rio de Janeiro, pediu asilo na embaixada da Bolívia — "no momento foi a única que aceitou"

(Freire & Guimarães, 2010, p. 78) — e, em outubro, escapou em direção aos Andes, rumo ao exílio. Era a primeira vez que Freire saía do país, já que nunca sequer tinha tirado um passaporte. Deixava para trás sua família, sem saber quando conseguiria trazê-la consigo. Recorda-se que abandonou mais de quatro mil livros. Ao Brasil, só retornaria dezesseis anos mais tarde.

Freire mal teve tempo de se acostumar à rarefação do Altiplano de La Paz: em 4 de novembro, um golpe de Estado derrubou o presidente boliviano, Victor Paz Estenssoro, que o teria admitido como consultor no Ministério da Educação, mas precisou fugir para o Peru, também exilado. O novo golpe colocava o educador outra vez em risco. Ele lembrou: "Em 10 de novembro de 1964, escrevendo para Elza (era aniversário do nosso casamento), lhe dizia não saber para onde ir. Só sabia mesmo que era impossível continuar na Bolívia" (Freire & Guimarães, 2010, p. 85). Freire permaneceu um mês sem notícias da família. Não tinha passaporte, saíra do Brasil com um RG velho e um salvo-conduto boliviano que já estava vencido. Passaram-se mais duas semanas até que as negociações diplomáticas dessem resultado, com a ajuda dos amigos Thiago de Mello, Plínio Sampaio e Paulo de Tarso, que estavam em Santiago. Um novo salvo-conduto foi obtido para que Freire entrasse no Chile, após uma conturbada rota de fuga.

*

A situação é kafkiana. Um mestre do diálogo é colocado diante de um inquisidor no cenário de um interrogatório. Por si mesmo, qualquer interrogatório pode ser entendido como a materialização do antidiálogo. O interrogador quer amedrontar, ostentar poder, acusar e encurralar. O interrogado é o objeto da intimidação e deve cair nas armadilhas colocadas à sua frente. O opressor tem método, mas o oprimido também tem.

Quatro anos mais tarde, Freire dedicaria o capítulo 4 da *Pedagogia do oprimido* para formular uma "teoria da ação antidialógica", que associava as estruturas de concentração econômica do capitalismo periférico (por exemplo, o latifúndio) com dispositivos de silenciamento social e privação do letramento. O antidiálogo tornou-se um conceito totalizante no pensamento de Freire, explicativo de arbitrariedades políticas, autoritarismos cotidianos e subjetividades oprimidas pela cultura do silêncio.

Vistos de longe, os interrogatórios de Freire conduzidos por Ibiapina parecem um experimento de "educação bancária militarizada", em que são testados os conhecimentos teóricos e pedagógicos do interrogado, por meio de perguntas de teor filosófico e "pegadinhas" típicas do ensino convencional. É a prova oral de um coronel que nada sabe de educação. Como autoridade militar, obviamente, não admite não saber: acredita piamente no caráter absoluto e correto da sua posição. É a "alienação da ignorância" vestindo fardas, que carrega sua pistola de interrogações para a destruição do interrogado.

Contudo, naquele IPM, o teor das perguntas era no mínimo inusitado. O coronel misturou indagações pedagógicas, questões de semiótica, comparações conspiratórias de Paulo Freire com Adolf Hitler, Benito Mussolini, Josef Stalin e Juan Domingo Perón, estatísticas amalucadas sobre o crescimento do marxismo no Brasil e acusações de "subversão", com índices inverossímeis sobre o aumento da população comunista em Angicos detectados após o trabalho de Freire com os analfabetos do município. A essa miscelânea opressora, Freire responde com sua forma própria de horizontalizar as situações. Parece dar uma aula a contrapelo, o que requer grande habilidade docente. Com simplicidade, evidencia o tom absurdo das perguntas.

Surge assim um curioso jogo invertido de espelhos, no qual o coronel ostenta seu poder discricionário e busca despertar medo e contradição na vítima, enquanto Freire dispõe somente de seu "suposto método" (raciocínio transparente, bondade cristã, apego à verdade, gosto pelo diálogo). Dessa forma, algumas armadilhas despóticas são desativadas — mas não todas.

Com suas respostas diretas e singelas, Freire consegue, na maior parte das vezes, usar a força do opressor contra o próprio opressor e revelar as fraquezas do gesto de oprimir. Afinal, quem tem medo de quem? Ambos têm. Freire também revela sua angústia, enredando-se em momentos de autocensura e autodefesa, por exemplo, quando elogia Castello Branco e diz que a "revolução de 31 de março" o deixava "feliz e em paz".

*

O IPM contra Paulo Freire é um documento conhecido dos historiadores. Com este pequeno livro, o conteúdo integral dos dois interrogatórios aos quais o educador foi submetido entra em circulação para um público mais amplo, totalmente revisado e com notas de contextualização. É uma fonte histórica que pode mobilizar uma interessante variedade de debates formativos que tratem, por exemplo, das formas da repressão na ditadura brasileira, do significado documental de um IPM, da situação de Pernambuco em 1964, das modalidades das acusações, do esquema mental dos opressores, da paranoia anticomunista dos golpistas e da natureza do medo do opressor frente à pedagogia freiriana — enfim, do tenso encontro, dentro de uma sala, entre dois projetos antagônicos de Brasil.

Enquanto fonte primária, os interrogatórios podem ser úteis para pesquisa em salas de aulas de escolas e universidades, análise e leitura coletiva, laboratórios de pesquisa historiográfica ou grupos de estudos independentes.

No fazer do historiador, ler criticamente uma fonte requer técnicas simples, porém não triviais. É preciso realizar a "crítica da fonte", o que envolve algumas etapas invisíveis do trabalho historiográfico: conhecer o contexto social e político do documento, identificar a instituição que o emitiu e arquivou, ler as entrelinhas de seu conteúdo, interpretar silêncios e vazios, conhecer as tensões que entretecem a historicidade da fonte. Sobretudo, é importante aprender a identificar inverdades, inverossimilhanças, e comparar informações "suspeitas" com outros documentos (do mesmo tipo ou de outro) devidamente contextualizados.

O historiador é um profissional que sabe o valor de uma "inverdade" em um registro documental. Esta, ao ser interpretada com rigor e método, pode revelar uma verdade oculta. Mapear inverdades em fontes primárias e descobrir verdades escondidas em um documento é um dos "ossos do ofício".

Esse exercício é factível em pequena escala nos interrogatórios do IPM contra Paulo Freire. Por exemplo: o que significa o elogio do educador a Castello Branco e à "revolução de 31 de março"? É verossímil? De que forma o contexto coloca essa informação sob suspeita? Vejamos um trecho:

> Perguntado [sobre o] que pensa da REVOLUÇÃO de 31 de março do corrente ano, respondeu que os objetivos da revolução, não apenas constantemente proclamados, mas alguns deles já em vias de concretização, sob liderança do exmo. sr. presidente CASTELLO BRANCO, correspondem aos anseios do depoente. A ênfase que o sr. presidente vem dando à objetivação das reformas de base, em termos democráticos em todas as suas manifestações, desde seu discurso de posse, deixa o depoente, como cristão e brasileiro, feliz e em paz. E em paz com a sua consciência, porque foi por tais empreendimentos que sempre se bateu [*sic*].[13]

A leitura acrítica da fonte não ultrapassa a literalidade das afirmações. Nesta, Freire estaria convicto de que o

13 Interrogatórios do Inquérito Policial Militar contra Paulo Freire. Centro de Referência do Instituto Paulo Freire. Caixa FPF_MPF_02.

golpe de 1964 foi uma revolução democrática e de que Castello Branco estava em plena realização das reformas de base pelas quais o educador tanto havia lutado. Só a completa ausência de historicidade, a destruição do contexto e o abandono da crítica poderiam permitir tal leitura.

Em abril de 1964, Freire foi demitido pelos golpistas de seu cargo no Ministério da Educação. Entre junho e setembro, foi preso. Em outubro, foi demitido da Universidade do Recife. O presidente João Goulart exilou-se no Uruguai. O primeiro escalão do governo estava banido pelo Ato Institucional nº 1 (AI-1). Eram conhecidas as prisões. Os desaparecimentos eram um fato. E já havia rumores sobre tortura. Intuía-se o agravamento da situação. Para o regime, Paulo Freire era um alvo importante. É esse o contexto. Assim, a inverossimilhança de um elogio do educador a Castello Branco é diretamente proporcional à força do seu medo e à sua inteligência ativada para escapar de uma agressão. O medo reaparece no trecho a seguir:

> Perguntado se sofreu algum maltrato físico ou fome durante o período em que esteve preso pelo Exército, respondeu que pelo contrário, salienta a maneira cortês com que vem sendo tratado pelo Exército desde

sua detenção. A bem da verdade, esclarece ainda ter sido cordialmente recebido pelo exmo. sr. secretário da Segurança Pública, ao tempo coronel Ivan Rui,[14] como também pelo dr. Álvaro Costa Lima,[15] delegado auxiliar.[16]

Não é incomum que um perseguido político prefira não denunciar as intimidações que sofreu aos agentes que o intimidam, nem delatar aos próprios violadores as violações que padeceu. Freire não ignorava o papel de seu interrogador. Aliás, o comando de Ibiapina sobre as torturas foi amplamente confirmado nas investigações

---

**14** O coronel Ivan Rui Andrade de Oliveira foi chefe do 7º Regimento de Obuses, em Olinda (PE). Foi ele quem executou diretamente o golpe militar contra o governador Miguel Arraes em Pernambuco, em 1º de abril de 1964. Junto do coronel João Dutra Castilho, Ivan Rui evacuou o palácio do governo e impôs a deposição de Arraes com suas próprias armas. Comandou o alto escalão da repressão no estado, onde também foi secretário de Segurança Pública, por indicação do coronel Ibiapina. Ver CEMV (2012, p. 95).

**15** Álvaro Gonçalves da Costa Lima, delegado de polícia, comandou a repressão e os serviços de espionagem e tortura da ditadura em Pernambuco. Indicado pelo coronel Hélio Ibiapina como secretário de Segurança Pública, foi um dos fundadores do Comando de Caça aos Comunistas (CCC) no estado, formado a partir da Frente Anticomunista dos Estudantes Secundários de Pernambuco e da Aliança Brasileira Anticomunista (CEMV, 2012, p. 232). Forjou flagrantes de armas nas Ligas Camponesas e tinha fácil trânsito no *Jornal do Commercio*, mandando publicar matérias (CEMV, 2012, p. 273-4).

**16** Interrogatórios do Inquérito Policial Militar contra Paulo Freire. Centro de Referência do Instituto Paulo Freire. Caixa FPF_MPF_02.

da Comissão Nacional da Verdade (CNV): "Ibiapina é considerado um dos principais responsáveis pelas graves violações aos direitos humanos perpetradas, após o golpe de Estado, contra grande número de presos políticos em Pernambuco" (CNV, 2012a, p. 865).

Sendo assim, a crítica da fonte é o procedimento historiográfico que permite superar a tentação da literalidade e combater a leitura ingênua e apressada, que leva ao erro de interpretação. Engana-se quem pensa que a crítica da fonte seja uma técnica específica do historiador. Trata-se, na verdade, de um requisito social para a inteligência democrática coletiva.

*

Nesse sentido, a proposta deste livro é aumentar a acessibilidade a um documento que sirva às atividades de formação historiográfica da sociedade brasileira, tão necessária em nossos tempos.

Os procedimentos essenciais do ofício historiográfico — a interpretação das fontes, a crítica interna e externa de um documento, sua contextualização e historicização — são ferramentas que fortalecem a capacidade coletiva de leitura do mundo e, consequentemente, a democracia. Saber ler fontes criticamente significa evitar enganos, ciladas e manipulações de qualquer emissor: da mídia, dos governos, das empresas, dos grupos políticos, da família e dos amigos nas redes sociais. Democratizar as ferramentas críticas da historiografia é um passo indispensável na tarefa de democratizar a leitura crítica do mundo e desenvolver mecanismos de autodefesa popular perante qualquer forma de despotismo ideológico.

Para somar nesse caminho, um documento como este merece sair dos arquivos.

# PRIMEIRO INTERROGATÓRIO

## 1º DE JULHO DE 1964

[*p*.1] **TERMO DE PERGUNTAS A INDICIADO**

No primeiro dia do mês de julho do ano de mil novecentos e sessenta e quatro, nesta cidade de Recife, no quartel da 2ª Companhia de Guardas, presente o tenente-coronel HÉLIO IBIAPINA LIMA, encarregado deste inquérito, comigo, NOALDO ALVES SILVA, capitão servindo de escrivão, compareceu PAULO REGLUS NEVES FREIRE, a fim de ser interrogado sobre sua atuação no Serviço de Extensão Cultural da Universidade do Recife, seu "método de alfabetização", suas atividades subversivas antes e durante o movimento revolucionário de primeiro de abril do corrente ano e suas ligações com pessoas ou grupos de agitadores nacionais ou internacionais; em seguida, passou aquela autoridade a interrogá-lo da maneira seguinte: qual o seu nome, idade, filiação, estado civil, naturalidade, profissão e residência. Respondeu que se chama Paulo Reglus Neves Freire, com 42 anos de idade, filho de Joaquim Temístocles Freire (falecido) e Edeltrudes Neves Freire, casado, pernambucano, professor universitário, residente à Rua Alfredo Coutinho, nº 79 – Jardim Triunfo – Casa Forte – Recife.

Perguntado onde estudou, explicando em detalhes, curso primário, secundário, curso superior de extensão, especializações e outros, respondeu que fez o curso primário iniciando-o em uma escola pública, cujo nome não se recorda, na Rua Harmonia, aproximadamente em 1927, logo após no grupo escolar Mathias de Albuquerque, em Casa Amarela; que em 1931 foi para Jaboatão, onde concluiu o curso primário em uma escola pública, isolada, cujo nome não se recorda; que, havendo falecido seu genitor, retardou seus estudos, iniciando o curso ginasial em 1936, fazendo a 1ª série no extinto Ginásio 14 de Julho, no bairro de São José, em Recife, transferindo-se no ano seguinte para o Colégio Oswaldo Cruz, já extinto, onde concluiu o seu curso ginasial em 1940, fazendo em seguida o curso pré-jurídico para em seguida ingressar na Faculdade de Direito da Universidade do Recife, onde concluiu o curso em 1947, e que não possui nenhum curso de extensão ou especialização.

Perguntado se, após os estudos ou mesmo durante os currículos escolares, exerceu funções ligadas ao magistério, respondeu que, como estudante de ginásio, favorecido por gratuidade que lhe ofereceu o dr. Aluísio Araújo, diretor do Colégio Oswaldo Cruz, buscando recompensar-lhe a bondade, o depoente ofereceu sua colaboração como auxiliar de disciplina, função que exerceu até o término do curso ginasial; que, chegado ao curso pré-jurídico, passou a lecionar português no curso de admissão à 4ª série ginasial; que, como professor de português, no período de 1941 a 1947, lecionou não apenas no colégio referido mas também no Americano Batista, na Sagrada Família, no Porto Carreiro e no Colégio Padre Félix, neste último por 6 meses, em substituição ao hoje falecido professor Moacir Albuquerque; que, em 1946, convidado pelo então diretor regional do Serviço Social da Indústria (SESI) em Pernambuco, dr. Cid Feijó Sampaio, o depoente assumiu as funções de assistente da Divisão de Educação e Cultura daquela instituição, cuja direção aproximadamente 4 meses depois lhe foi entregue; que, então, apesar de estudante de direito, inclinava-se o depoente aos problemas de educação.

Naquele serviço, teve oportunidade de iniciar experiências no campo da educação infantil e de adultos. Que, neste último campo, realizou trabalhos positivos quanto às relações entre familiares e escolas. Que conseguiu superar certo ar acadêmico e verboso que caracterizava os chamados círculos de pais e mestres; faziam-se essas reuniões informalmente. Motivavam-se as famílias através não só de cartas-convite mas também de visitas domiciliares realizadas por assistentes sociais. Que nestas visitas domiciliares realizadas [*p.* 2] se dizia da necessidade de um cada vez maior intercâmbio entre a escola e a família, de vez que a família, como instituição natural, é a primeira agência da educação, não devendo ser banida pela escola, instituição auxiliar sua. Que estes trabalhos chegaram a interessar não só a educadores de Pernambuco, como a professora Isnard Moura, atual diretora do Instituto de Pesquisas Educacionais da Secretaria de Educação de Pernambuco, mas também ao professor Roberto Moreira, então do Centro Brasileiro de Pesquisas Educacionais e hoje diretor da Oficina de Educación da UNESCO do Chile.

Que em 1954, na gestão do sr. Sebastião de Holanda Cavalcanti, assumiu o depoente a superintendência geral daquele serviço, intensificando as atividades no setor do serviço social. Que nessa época foi convidado pelo professor João Alfredo Gonçalves da Costa Lima para assumir interinamente a cadeira de história e filosofia da educação da Escola de Belas Artes de Pernambuco, de que aquele professor era diretor; que, posteriormente, submeteu-se o depoente a concurso, obtendo o segundo lugar, tornando-se assim docente livre da Universidade do Recife. Em seguida, por convite do professor Newton Sucupira, catedrático da mesma cadeira na Faculdade de Filosofia de Pernambuco, foi o depoente nomeado seu assistente, participando assim do corpo do Departamento de Educação daquela faculdade. Que em 1958 representou o estado de Pernambuco no 2º Congresso Nacional de Educação de Adultos no Rio de Janeiro. A esse tempo, tomou parte como coordenador de uma experiência no campo das relações entre escolas e famílias, patrocinada pela paróquia de Casa Amarela e em colaboração com a Secretaria de Educação, dirigida no momento pelo professor Aderbal Jurema.

Em fevereiro de 1962, convidado pelo então reitor da Universidade do Recife para realizar o velho sonho do reitor e do depoente, programou o Serviço de Extensão Cultural da Universidade do Recife, do qual foi o diretor até março de 1964. Que, em junho do ano passado, foi convidado pelo então ministro de Educação, dr. Paulo de Tarso, para coordenar o plano nacional do setor de educação de adultos, estendendo desta forma as experiências que realizaram não apenas no Recife mas em Angicos, no Rio Grande do Norte.

Nessa cidade, tínhamos conseguido, com a colaboração de universitários daquele Estado, alfabetizar cerca de 300 homens em pouco mais de um mês. Este trabalho fora realizado a convite do governador Aluísio Alves e sob os auspícios da Aliança para o Progresso. Que, sabedor dos resultados positivos, pretendeu o ex-ministro referido fazer uma campanha de âmbito nacional. Essa a razão do convite que fez ao depoente. Com a aceitação do convite, criou aquela autoridade a Comissão Nacional de Cultura Popular, de que o depoente foi o presidente. Que a tarefa inicial daquela comissão era preparar equipes nos estados, através de convênios com universidades federais, universidades católicas, secretarias de estado etc.; que, nesse sentido, iniciou-se a preparação de quadros no Paraná, através da Secretaria de Educação, dirigida então pelo professor Jacundino, atual chefe do gabinete do sr. ministro da Educação. Em São Paulo, em convênio com a Universidade Católica (Faculdade de Filosofia). Em Minas Gerais, com outra Universidade Católica. No Rio Grande do Sul, com a Secretaria de Educação e, desta forma, com outros estados do Brasil. Que, com a posse do sr. Julio Sambaqui [no Ministério da Educação], em decorrência da renúncia do sr. Paulo de Tarso, foi criado por decreto presidencial um Programa Nacional de Alfabetização, de que o depoente era o coordenador. Aproveitando o trabalho já iniciado, foi intensificando a preparação de pessoal em quase todos os estados.

Perguntado o que sabe, sob o ponto de vista doutrinário, a respeito dos estudos e, em consequência, dos processos, métodos ou sistemas [*p.3*] de instrução decorrentes e conhecidos pelos nomes de DALTON, MONTESSORI, MACKINDER,

DECROLY, KILPATRICK, IENA DE PETERSON [*sic*], COUSINET, SINTÉTICO, ANALÍTICO, ANALÍTICO-SINTÉTICO, ALFREDINA, VESPERTINA, LAUBACH,[17] res-

---

**17** O interrogador aqui se refere, respectivamente, a:

Plano Dalton, método da educadora estadunidense Helen Parkhurst (1886-1973), uma das mais influentes pedagogas do século XX. Trata-se de um modelo pedagógico com inspiração em John Dewey e Maria Montessori, pelo qual Parkhurst propunha o conceito de "criança integral" e a valorização da autonomia, da independência e das habilidades específicas de cada aluno. O Plano Dalton foi adotado em diversas escolas nos Estados Unidos e na Europa. Seu nome se referia à Vila de Dalton, no estado de Massachussetts, Estados Unidos.

Maria Montessori (1870-1952), pedagoga italiana que desenvolveu métodos educacionais propícios à liberdade de escolha de crianças e jovens sobre seu próprio processo formativo. Defendia o princípio da autoeducação, ao mesmo tempo que valorizava a disciplina como parte fundamental do exercício da liberdade cognitiva. Valorizava a educação sensorial como fundamento do intelecto.

Jessie M. Mackinder, discípula de Montessori que divulgou seu método em língua inglesa, especialmente no ensino de leitura, escrita e matemática. Compartilhava com Montessori o respeito pedagógico aos ritmos individuais de desenvolvimento formativo, trabalhando com métodos individualizados e autônomos, conectados aos interesses específicos de cada criança ou jovem.

Jean-Ovide Decroly (1871-1932), neurologista belga especializado em cognição infantil que desenvolveu um método de ensino antiautoritário e não religioso. Acreditava que o segredo de um bom desenvolvimento infantil era propiciar à criança um ambiente adequado, amoroso e bem nutrido, o que experimentou em sua Escola Hermitage, criada em 1907.

William Heard Kilpatrick (1871-1965), pedagogo estadunidense, pupilo de John Dewey. Expoente da educação progressista, foi um dos criadores do ensino temático por projetos, por ele nomeado método de projetos. Assim como Parkhurst, Montessori, Mackinder e Decroly, acreditava na busca autônoma do conhecimento e no aprendizado vinculado aos interesses específicos de cada indivíduo.

pondeu que: Dalton fundava sua teoria da aprendizagem na participação ativa do educando na busca do conhecimento. Que Montessori fundamentava sua filosofia pedagógica na liberdade criadora do educando. Que não conhece o método Mackinder. Que Decroly desenvolvia o método de projetos. Que Kilpatrick, dentro de uma perspectiva pragma-

---

Com o termo "Iena de Peterson", o inquiridor se refere na verdade ao educador alemão Peter Petersen (1884-1952), criador do Plano Jena, desenvolvido na Universidade de Jena, Alemanha. Como os demais pedagogos mencionados, Petersen defendia a autonomia individual na aprendizagem, a liberdade de escolha dos alunos, a ludicidade e o convívio comunitário e social como ambiente propício ao desenvolvimento intelectual e sensorial das crianças e jovens.

Roger Cousinet (1881-1973), pedagogo francês da educação progressista que propunha o método de aprendizado ativo, com autonomia e protagonismo dos alunos. Fundou a Education Nouvelle [Educação nova].

O método sintético de alfabetização se inicia com elementos gráficos (letra e sílaba) para depois formar a palavra inteira. Pode ser aplicado em três modalidades: alfabética (por letra), fônico (por fonemas) e silábico (por sílabas). Esse método é até hoje muito utilizado no Brasil.

O método analítico faz o caminho inverso do método sintético: vai da palavra inteira aos seus elementos alfabéticos, fonêmicos e silábicos.

Nem "Alfredina" nem "Vespertina" foram identificadas. Trata-se possivelmente de um engano do interrogador.

Frank Charles Laubach (1884-1970), pastor estadunidense conhecido como "apóstolo dos analfabetos". Trabalhou nas Filipinas e com alfabetização de negros nos Estados Unidos. Fundou o método Each One Teach One, mais tarde chamado de método Laubach. Sugeria que cada alfabetizado deveria ensinar outro analfabeto a ler e escrever, gerando um movimento horizontal de alfabetização popular.

tista, vinculava a educação às mudanças sociais. Que não conhece o método Iena de Peterson. Que Cousinet baseia a sua teoria pedagógica em Rousseau, que defende um máximo de liberdade na obra educativa. Que o método sintético vai da parte para o todo. Que o método analítico, do todo para a parte. Que o método analítico-sintético faz junção de ambos. Que não conhece o método Alfredina. Que não conhece o trabalho da professora Vespertina. Que julga que o método Laubach é um analítico-sintético.

Perguntado se pode detalhar os vários estudos sugeridos, pelo menos esclarecendo, de cada um, a síntese a que chegou cada estudioso ou grupo de estudiosos, respondeu que o grupo de educadores citados, participando das ideias da pedagogia moderna, defende em síntese uma educação ativa, em que o educando supera a passividade característica da escola antiga e assume uma posição participante no seu aprendizado.

Perguntado se pode precisar de cada método ou ensaio citado qual aplicação teve e em que país, respondeu que, de um modo geral, esses educadores influenciaram e influenciam a ação pedagógica hodierna na Itália, nos Estados Unidos, na França etc.

Perguntado se pode precisar, de cada um dos métodos ou processos citados, quais os resultados que produziram, onde foram aplicados, respondeu que Montessori fez suas experiências na Itália com absoluto êxito, observando-se, porém, que, vez ou outra, seus discípulos não conseguiram os mesmos resultados. Cousinet fez suas experiências na França, também com êxito. Laubach, na Índia e no Brasil, igualmente com resultados positivos. Kilpatrick, nos Estados Unidos, de onde irradiou sua influência.

Perguntado se pode precisar, por exemplo, em que se baseou o método de ensino adotado pelo Exército dos Estados Unidos desde 1941, respondeu que tem [a] impressão [de] que o método se baseou no respeito à pessoa do educando e [em] uma participação ativa do educando no seu aprendizado. Caracteriza bem a educação americana o aprender fazendo.

Perguntado se pode precisar em que método se baseou o ensino no Exército Brasileiro, respondeu que no método ativo, em que o educando é levado a conhecer usando seu esforço pessoal, sua inteligência; em que o educando pesquisa, cria e recria, e não apenas memoriza. Perguntado quais as deficiências do método de ensino adotado pelo Exército Brasileiro, respondeu que, explicitando os valores acima citados, desconhece aspectos negativos.

Perguntado qual a diferença entre o seu "método" de ensino e o método de Dalton, respondeu que a preocupação do depoente não era apenas a de alfabetizar mas também a de educar o adulto; parte o depoente de uma crença profunda no homem, na sua capacidade natural de conhecer, uma vez que não está apenas no mundo, mas com o mundo. A diferença no campo específico da alfabetização está em que esta, para o depoente, é um processo que parte de dentro para fora. Apreendendo o homem o mecanismo fonêmico de formação vocabular de uma língua silábica como a portuguesa, com o auxílio do educador, inicia o analfabeto, ele mesmo, a montagem do sistema de sinais gráficos.

Perguntado qual a diferença entre seu "método" e o de Mackinder, respondeu que não conhece o autor. Perguntado qual a diferença entre seu método e o de Kilpatrick, respondeu que [*p.* 4] a diferença está propriamente entre a filosofia da educação [de] Kilpatrick e as convicções filosóficas e religiosas do depoente, que é cristão.

Perguntado qual a diferença entre o seu método e o de Iena Paterson [*sic*], respondeu que não conhece a autora. Perguntado qual a diferença entre seu método e o de Cousinet, respondeu que, mais uma vez, a diferença está na filosofia daquele autor, de caráter naturalista, e a opção filosófica e religiosa do depoente, já citada.

Perguntado qual a diferença entre o método do depoente e o do Pabaee,[18] respondeu que o Pabaee é uma institui-

---

**18** Programa de Assistência Brasileiro-Americana ao Ensino Elementar (Pabaee), convênio entre os governos brasileiro e estadu-

ção de estudos pedagógicos brasileiro-americana, que por isso mesmo (pedagógico) pesquisa métodos, processos, técnicas educativas. Que o depoente não conhece os estudos do Pabaee no campo da educação no Brasil.

Perguntado qual a diferença entre o método do depoente e o de Decroly, respondeu que cabem as mesmas palavras com relação à diferença do método do depoente e o de Dalton.

Perguntado qual a diferença entre o método do depoente e o de D. Alfredina, respondeu que desconhece o método de D. Alfredina. Perguntado qual a diferença entre o método do depoente e de Vespertina, respondeu que, pelo pouco que o depoente conhece do método da professora Vespertina, este responde às necessidades da criança, e o trabalho do depoente se fazia com adultos.

Perguntado qual a diferença fundamental entre os métodos de D. Alfredina e de Decroly, respondeu que não pode se manifestar, pois desconhece o método de D. Alfredina. Perguntado qual a diferença fundamental entre o método Vespertina e Iena Paterson [*sic*], respondeu que desconhece o método de Iena Paterson.

---

nidense estabelecido em 1956 com objetivo de formar educadores de ambos os países sob uma concepção técnica e instrumental da ciência didática, que minimizava a realidade social dos estudantes.

Perguntado qual a maior desvantagem para o Brasil do método de Kilpatrick, respondeu que, apesar de toda a fundamentação democrática de Kilpatrick, o seu pragmatismo não parece, ao depoente, vantajoso. Perguntado qual a vantagem fundamental do método de Decroly sobre os de Dalton, Montessori e Mackinder, respondeu que está na seriação programática do aprendizado, motivadora e ativa. Perguntado se pode esclarecer melhor a razão por que o método de Kilpatrick não se adapta, ou, melhor dizendo, não se presta ao Brasil nas condições atuais, respondeu que, não só nas condições atuais, mas em outras quaisquer, não parece ao depoente interessante ao Brasil uma educação enfaticamente pragmática e que esquece a dimensão transcendental do homem.

Perguntado se pode dizer qual é verdadeiramente seu método de alfabetização, esclarecendo também se ele é um método de ensino de modo geral, ou apenas de alfabetização, respondeu que a preocupação fundamental do depoente jamais foi a de apenas alfabetizar. Sua preocupação era sobretudo educar. Partia, como já foi dito acima, da convicção de que o homem é um ser que não está na realidade, no mundo, mas com ele. O estar com o mundo implica que o homem é um ser de relações, o que o distingue do outro animal que apenas contata o mundo. Daí que o conceito de relações guarde em si características tais como: temporalidade, consequência, reflexibilidade e transcendentalidade. Esta transcendentalidade, acrescente-se, está na raiz da própria limitação do homem, ser finito, cuja plenitude se encontra no seu retorno a seu Criador. Parte o depoente de que, relacionando-se com o mundo, desafiado por ele, o homem conhece. Importa, porém, saber-se qual a via deste conhecimento. O homem comum, analfabeto, usa uma via preponderantemente sensível, de que decorre um conhecimento preponderantemente mágico. Nós, por outro lado, usamos uma via preponderantemente reflexiva e que resulta num conhecimento crítico. A uma compreensão mágica, em termos preponderantes, se segue uma ação também mágica, de vez que a toda compreensão corresponde, cedo ou tarde, uma ação. Era preciso, assim, um método educativo que fosse capaz de ajudar o homem a operar esta transformação. Um método educativo que fosse capaz cada vez mais de humanizar o homem. Precisava-se, portanto, de um método ativo e de uma modificação no conteúdo [*p.* 5] programático da educação de adultos. E isto antes mesmo de se pensar em alfabetizar.

O método seria o do diálogo, que é amoroso, humilde, reflexivo, esperançoso, comunicante, e que se opõe ao antidiálogo, desamoroso, sem humildade, desesperançoso e anticomunicante. Mas quem dialoga, dialoga com alguém sobre algo. Este algo seria o conteúdo da programação que deveria ajudar, pela dialogação, a montagem daquela compreensão reflexiva referida acima. Pareceu ao depoente não haver melhor tema para tal que o conceito antropológico de cultura. Reduzido este conceito a algumas de suas dimensões, seriam estas ilustradas numa sequenciação lógica. O debate destas situações leva o homem a descobrir-se como pessoa e, porque pessoa, sujeito e não objeto. Leva a descobrir o sentido transcendental de suas relações. A perceber o seu papel no mundo. A descobrir que cultura, num aspecto amplo, é todo acrescentamento que o homem faz ao mundo que não fez. Para a alfabetização, pareceu ao depoente: 1º) que não se fazia necessário o uso da cartilha; 2º) que se poderia reduzir o número das chamadas palavras geradoras até 15 ou 18; 3º) que estas palavras geradoras deveriam ser retiradas do vocabulário comum da população da área a ser educada. Daí a realização de um levantamento vocabular; 4º) que, feito o levantamento, as palavras seriam escolhidas mediante os critérios seguintes: riqueza fonêmica, dificuldades fonéticas; 5º) estas palavras geradoras seriam colocadas em situações peculiares aos analfabetos, ora englobando a situação, ora um objeto da mesma; 6º) feita a discussão de determinada situação, passa o educador à visualização da palavra geradora que, em sequência, vai aparecendo decomposta. Feita a análise da palavra geradora, parte-se para a síntese oral; logo depois, para a escrita.

Num método rigorosamente analítico-sintético, decompõem-se uma palavra geradora, outra ou outra em seguida, e combinam-se as suas sílabas. Para o depoente, decomposta uma palavra geradora, parte-se para o estudo de suas famílias fonêmicas. Assim, a partir de BELOTA, primeira palavra geradora usada em Angicos, estudam-se as famílias: BA-BE-BI-BO-BU, LA-LE-LI-LO-LU, TA-TE-TI-TO-TU.

Diante de uma ficha como esta, o analfabeto, no primeiro dia, na síntese, recompõe a palavra geradora BELOTA e cria, com outras combinações, novas palavras. Por exemplo: LATA, LOBO, TOLO etc. É aí que o analfabeto apreende o mecanismo de combinação fonêmica na formação vocabular de sua língua. E, porque se apropria desse mecanismo, se alfabetiza com facilidade. O mais importante para o depoente é que todo esse trabalho se funda num absoluto respeito à pessoa humana. Jamais aceitou ou defendeu o depoente a diminuição do homem, a sua massificação. Para o depoente, o fundamental é educar, jamais indoutrinar [*sic*].

Perguntado como pode o depoente, que, conforme seu depoimento, até o presente momento, apresentou verdadeira inocência educativa, ter pretensões de educador, respondeu que não cabe ao depoente julgar-se. Perguntado, tendo por base o seu depoimento, segundo o qual declara repetidas vezes que as diferenças entre "seu método" e outros estão nas filosofias, mostrando, por outro lado, singular inocência com relação a cada um deles, como é capaz de distinguir entre um e outros, respondeu que nada acrescenta às respostas dadas.

Perguntado se pode esclarecer o que significa "homem-relação" e, mais ainda, se é uma expressão, um símbolo ou um conceito, respondeu que se referiu o depoente ao homem como um ser de relações, isto é, como um ser aberto, capaz de responder conscientemente aos desafios do seu contexto; que empregou o conceito de relações, da esfera puramente humana, em oposição ao de contato, da esfera de outro animal.

Perguntado, em relação à palavra TEMPO que empregou, se ela exprime horas de alfabetização, respondeu que pretendeu o depoente, quando empregou a palavra TEMPORALIDADE como uma das notas do conceito de relações, referir-se ao fato de que, precisamente porque existe, o homem é um ser temporal. Ele e só ele é capaz de varar o tempo e tridimensionalizá-lo [*sic*]. O outro animal vive sob um hoje eterno.

Perguntado por que o alarde de um tempo limitado, respondeu que jamais [*p.* 6] teve intenções de alardear. Referiu-se apenas a um fato. Perguntado se pode precisar com exatidão o período necessário para a alfabetização pelo seu suposto método, acusando o período virtual do aprendizado, respondeu que, de um mês e meio a dois meses, o homem consegue ler e escrever. Jamais pensou, porém, o depoente que fosse isto suficiente. Daí as fases que se deveriam seguir à alfabetização.

Perguntado se nunca o depoente soube ou ouviu falar de educadores que alfabetizavam em igual período, respondeu que, segundo publicação da UNESCO, o depoente tinha conhecimento de ser realizada a alfabetização entre 5 e 6 meses.

Perguntado se, para o depoente, TEMPO e TEMPORALIDADE são sinônimos, respondeu que não. A temporalidade é uma resultante da inserção que o homem faz no tempo. Perguntado se o depoente pode explicar o motivo por que, com a sua tão grande e profunda crença no homem, tem tanta ânsia de fixar um período de tempo, respondeu que não tem tanta ânsia em fixar tempo rápido para alfabetização, em que pese esta rapidez seja necessária à solução de problema tão grave entre nós. Insiste o depoente em que sua intenção era aprofundar os conhecimentos do homem, nas fases posteriores à alfabetização. Perguntado se a palavra "consequência" empregada em resposta a uma pergunta anterior está significando efeito ou resultado, respondeu que a palavra "consequência" foi empregada como uma das notas do conceito de relações, da esfera humana, em oposição ao de contato, da esfera do outro animal, significando o caráter interferente, modificador, das relações do homem com o mundo. Respondendo aos desafios de seu contexto, o homem cria e recria. Daí o aspecto consequente de suas relações. Perguntado se a "consequência", para o depoente, transforma o mundo e opera o homem, respondeu que o sentido da palavra "consequência" empregada pelo depoente foi explicitado na resposta anterior. Sujeito e não objeto, o homem, em suas relações com o mundo, marca-o e altera-o. Não é operado, no sentido de determinado, se bem que influenciado.

Perguntado que entende o depoente por "reflexidade" [*sic*], esclarecendo se são reflexos do comportamento, análises de situações ou conhecimentos críticos, respondeu que usou a palavra "reflexidade" como uma das notas do conceito de relações, significando a vocação do homem para a análise de situações, de que resultam conhecimentos.

Perguntado, nesse sentido da alfabetização e ligado à palavra "reflexibilidade" [*sic*], que entende o depoente por "crítico", respondeu que usou a palavra "crítica" como atributo da compreensão, para significar que esta se fazia em termos mais racionais.

Perguntado se o depoente entende TRANSCENDENTALIDADE como dimensão do homem, respondeu que a "transcendentalidade" é a via pela qual o homem, ser criado, finito e indigente, se reencontra com seu Criador. Perguntado se o depoente entende transcendentalidade como um retorno ao seu Criador e se pode explicar, respondeu que, [como um] ser criado, finito e indigente, só no seu retorno a seu Criador terá mesmo o homem a sua plenitude.

Perguntado se o HUMANIZAR empregado pelo depoente significa humanizar o homem ou humanizar os homens, e se essa humanização do homem ou dos homens é com o mundo ou no mundo, respondeu que usou a expressão "humanizar o homem" no sentido de oferecer-lhe meios com os quais se armam contra o perigo da massificação, que lhe anulará a capacidade de optar.

Perguntado se o depoente entende que humanizar é libertar o homem, respondeu que humanizar é ajudar a libertar o homem na medida em que se desenvolvam as suas potencialidades e em que [o] afirme como sujeito. Perguntado se, para o depoente, tendo em vista a palavra PRAGMATISMO que usou, "pragma" é ação, respondeu que é ação prática de que resulta a identificação da educação com a vida mesma, sublinhado o valor da experiência. Perguntado, ainda, em ligação com a pergunta anterior, se ação é igual a movimento, se movimento é do mundo sensível ou crítico, se movimento modifica as coisas, se as mudanças são ativas ou passivas, respondeu que toda ação implica [*p.* 7] movimento, que não se adstringe apenas ao mundo sensível mas [também ao] histórico-cultural e, por isso, crítico. As mudanças no campo histórico-cultural se processam permanentemente como decorrência do papel criador e recriador do homem. No jogo dessas mudanças se estabelece uma relação de causalidade, de maneira que algo que se transforme passe a propiciar novas mudanças. O que importa nisso tudo é o papel do homem diante das mudanças, conhecendo-as para interferir nelas.

Perguntado se pode, finalmente, assegurar, sem qualquer subterfúgio, que seu "suposto método", a que alguns seguidores, como dona Dulce, até pretendem chamar de sistema, tem, no que se refere à alfabetização, qualquer originalidade com relação aos métodos de ensino ou alfabetização citados pelo encarregado do inquérito, inclusive quanto aos métodos adotados no próprio Exército, respondeu que nunca teve o depoente preocupação com se julgar original. Nesse sentido, sempre achou sábia uma afirmação de DEWEY: "a originalidade", diz mais ou menos aquele mestre, "não está propriamente em fazer-se algo absolutamente novo, mas em se dar novo enfoque a coisas velhas". De qualquer forma, porém, introduzir-se o analfabeto na distinção entre o mundo da natureza e o da cultura, como tentativa de valorização de sua pessoa e motivação para o aprendizado da leitura e da escrita, não consta ao depoente [que] tivesse sido feito ainda.

Perguntado se, em face do desconhecimento que mostrou ter dos principais métodos estudados e aplicados no estrangeiro e, particularmente, dos estudados e aplicados já no Brasil e até em Pernambuco, não incorreu em sério risco de estar apresentando um método sem originalidade, respondeu que sua intenção, como já salientou, não era a de ser original, mas a de contribuir com um mínimo para a solução do problema do analfabetismo nacional. Essa contribuição humildemente foi dada.

Perguntado se sabe do juízo que dona VESPERTINA faz do método de alfabetização do depoente, respondeu que não sabe. Perguntado se pode precisar até que ponto seu "método" de alfabetização está ligado a DURKHEIM, respondeu que seu trabalho está mais ligado a MANNHEIM,[19] sobretudo na ênfase que este autor dá à necessidade de uma educação capaz de resguardar o homem contra os perigos de sua massificação.

Perguntado qual a diferença entre seu método de alfabetização e os cursos básicos de marxismo ministrados inclusive em Pernambuco, respondeu que não conhece os cursos básicos de marxismo ministrados em Pernambuco. Que um curso sobre qualquer tema pode ser dado através de métodos ativos ou passivos. O depoente não sabe qual o método que se usava nesses cursos. Sabe, porém, que seus objetivos jamais foram outros que não os de desenvolver um trabalho educativo que ajudasse o homem a fazer sua opção. Perguntado qual a diferença entre o seu método, no que se refere à preparação das turmas formadoras, e os cursos médios de marxismo ministrados inclusive aqui no Recife, respondeu que, mesmo sem conhecer os cursos de marxismo, julga o depoente deverem existir diferenças entre eles e os cursos de preparação para a alfabetização.

---

**19** Karl Mannheim (1893-1947), sociólogo húngaro que frequentou o grupo de pesquisa de György Lukács e tornou-se professor da London School of Economics. Inicialmente marxista, mais tarde alinhou-se às ideias de Hegel e Comte. É autor de *Ideologia e utopia* (1929) e fundador do campo de pesquisa da sociologia do conhecimento.

Fundamentalmente, estes últimos eram formadores e nunca indoutrinadores [*sic*]. Perguntado se as situações sociológicas estão ligadas à alfabetização, à conscientização ou à politização, explicando bem sua resposta, respondeu que as situações sociológicas em que se coloca a palavra geradora funcionam como um desafio. Postas diante do grupo, este as debate, analisando-as. Durante a discussão, a palavra geradora, que, de modo geral, no Nordeste, era chamada de letrume [*sic*], surge na composição de sentenças, ora como sujeito, ora como objeto. A conscientização é o desenvolvimento da tomada de consciência. Conscientizado, quer dizer, cada vez mais reflexivamente organizado, o homem opta. Quando opta, prepara-se para politizar-se. O depoente jamais defendeu a politização, porque entende que ninguém politiza ninguém e, quando se tenta fazê-lo ou se faz, já não se educa, indoutrina-se [*sic*], desrespeitando-se a pessoa humana.

Perguntado se, na experiência de Angicos, o coeficiente obtido em grau mais elevado foi o de alfabetização, conscientização ou politização, respondeu que não se recorda dos coeficientes. Perguntado se o resultado de Angicos agradou à SUDENE [Superintendência do Desenvolvimento do Nordeste] ou ao MEC [Ministério da Educação] pela alfabetização ou politização, respondeu que agradou à SUDENE e ao MEC pela conscientização e pela alfabetização. Insiste o depoente no [*p. 8*] modo acima referido como entende a politização.

Perguntado se desconhece ou nega a satisfação dos comunistas porque o resultado de Angicos foi mais favorável à politização que à alfabetização, respondeu que sinceramente desconhece. De resto, interessava ao depoente seu trabalho no sentido de uma educação realmente democrática. Por isto é que sempre se bateu [*sic*]. Os resultados de Angicos foram realçados pela Aliança para o Progresso, de que um de seus diretores, se não o diretor geral, ainda este ano defendia o método em carta a um conceituado jornal do Rio (*O Globo*) contra acusações que o apresentavam como um esforço antidemocrático.

Perguntado se nega que em Angicos, inicialmente, a pesquisa revelou menos de 10% de marxismo e que, após a aplicação do seu método de politização, nova pesquisa, em menos de 60 dias, já revelou mais de 30% de marxismo, conforme afirmação do dr. Coitinho do DRH da SUDENE,[20] respondeu que, apesar de não ter permanecido em Angicos, indo lá apenas 3 a 4 vezes durante a experiência, desconhece

**20** Hipoteticamente, trata-se de um funcionário administrativo da Sudene que teria sido interrogado pela ditadura e pressionado a oferecer informações sobre pesquisas de existência pouco verossímil, com resultados que quantificam o "porcentual de marxismo" de uma cidade — no caso, Angicos (RN).

o depoente tais resultados. Espanta-se mesmo com eles, pois o que se fez em Angicos não foi doutrinação marxista. Acrescente-se que aquela experiência era comandada pela CECERNE [*sic*],[21] órgão responsável pelo andamento dos convênios no campo da educação entre a Aliança para o Progresso e o governo do estado do Rio Grande do Norte, tendo à frente, se não se equivoca o depoente, o secretário de Educação do estado.

Perguntado quais as fases que se deveriam seguir à alfabetização, respondeu que, após a alfabetização, deveria iniciar-se uma fase em que se tentaria, usando-se a mesma técnica de execução empregada na primeira, dar o programa do curso primário e, numa outra fase, que poderia preparar o homem para sua entrada em ginásios ou escolas técnicas, se ampliariam os seus conhecimentos, partindo-se da análise de sua realidade local, regional e nacional.

Perguntado por que, se não tem tanta ânsia para estabelecer um curto período para alfabetização de adultos, esta era justamente a única característica tornada pública e alardeada por todos os meios de comunicação disponíveis no país, respondeu que o alarde realmente feito em

**21** Referência ao Serviço Cooperativo da Educação do Rio Grande do Norte (Secern), criado pelo governo potiguar em 1961 e dirigido pelo secretário da Educação para administrar recursos da Aliança para o Progresso destinados à alfabetização no estado.

torno do tempo rápido para a alfabetização se deve antes à própria imprensa. Para o depoente, o aspecto fundamental do seu trabalho não é realmente este.

Perguntado por que, falando tanto em diálogo, seu suposto método não passa de um grande monólogo e monólogo orientado, sem possibilidade de opção, respondeu que o diálogo para o depoente é e sempre foi indispensável. Sem ele, não será possível comunicação. Sem ele, não será possível educar para a opção. Se alguém usou o método sem dialogar, impondo suas ideias e opções, traiu-o e às convicções do depoente.

Perguntado por que todos os programas e seus detalhes são amarrados no tempo, respondeu que, se o tempo a que se refere a pergunta diz respeito a prazos estabelecidos para o cumprimento de programas, não vê o depoente nada negativo. Perguntado por que apenas 11 "situações", respondeu que as 11 situações a que se refere a pergunta devem ser aquelas com as quais, através do diálogo, se davam as diferenças entre o mundo da natureza e o da cultura, a que o depoente já se reportou. Foram escolhidas 11, como poderiam ter sido algumas a mais ou algumas a menos. O que importava é que as situações, colocadas em uma boa sequência, fossem capazes de propiciar a concretização do objetivo desejado: a distinção entre o mundo da natureza e o da cultura, com as decorrências já expostas.

Perguntado se reconhece que o seu suposto método, mesmo na parte de conscientização e politização, não contém originalidade face aos métodos usados por HITLER, MUSSOLINI, STALIN e PERÓN, que tentou estabelecer através de seus representantes na conferência internacional de educação realizada em Punta del Este, respondeu que, em face do que já expôs, jamais poderia o depoente reconhecer qualquer semelhança, até longínqua, entre seu trabalho e métodos empregados por HITLER, MUSSOLINI, STALIN ou PERÓN. Para Hitler, Mussolini, Stalin e Perón, o homem não passava de mero objeto. Que lhes interessava era a sua redução a COISA, que eles pudessem manipular em função de seus interesses. Seus métodos, por isso mesmo, teriam de ser os que escravizassem o homem à força dos mitos, nunca os que respeitassem a pessoa humana. O depoente [*p.* 9] jamais aceitou este desrespeito. Defendeu sempre, pelo contrário, o homem como pessoa.

Perguntado se um plano assim tão amarrado no tempo, nas situações e nos processos não traduz nazismo de HITLER, fascismo de MUSSOLINI, marxismo de STALIN ou peronismo de PERÓN, respondeu que não. As situações, os processos e as técnicas tanto poderiam ser usados para um fim como para outro. O que importa, no caso, é a posição assumida pelo depoente em face do destino do homem. Vem deixando o depoente bem claro em suas respostas que a sua posição é a de um cristão católico, inconciliável com a redução do homem a COISA.

Perguntado se pode explicar o abuso que faz da palavra RECRIADOR e seus derivados e o que significam, respondeu que tem usado a expressão "recriador" com relação ao homem, referindo-se à sua capacidade de modificar aspectos do mundo que ele não criou. Perguntado se pretende que os atuais métodos de ensino aplicados pelo Exército Brasileiro são velhos e que o depoente lhes deu enfoque novo, respondeu que, ao referir-se à afirmação de DEWEY sobre originalidade, cingiu-se ao campo da alfabetização.

Perguntado qual o conceito que o depoente faz de CULTURA, respondeu que CULTURA, num sentido amplo, é todo acrescentamento que o homem faz ao mundo que não fez. Neste aspecto, é tão cultura o tacape do índio como a tela de um pintor; o boneco de Vitalino como a poesia de Manuel Bandeira. Perguntado se a cultura é de um homem ou de um povo, e se a cultura se reflete do povo sobre o homem, respondeu que não há povo que não tenha sua cultura no sentido acima exposto. Que não tenha ideais, anseios, refletidos na sua criação e na forma de existir. Na medida em que estes anseios e ideais vão se objetivando, influenciam a todos. A cultura não é patrimônio de um homem, mas da humanidade. Há, porém, homens mais cultos do que outros. Neste sentido, a cultura aparece como a incorporação sistemática da experiência humana.

Perguntado por que, na ficha do Curso de Formação de Coordenadores (alfabetizadores) – decisões tomadas na reunião de 2 de fevereiro de 1964: 1º) a palavra DADOS está entre aspas; 2º) por que, dos grandes temas comuns, apenas o político está entre aspas; respondeu que, apesar de não ter estado presente àquela reunião, julga o depoente poder esclarecer as aspas colocadas na palavra DADOS. É que a equipe encarregada da formação possivelmente quis chamar a atenção para o fato de que, mesmo [ao] generalizar a expressão "curso dado", pretendia evitar qualquer sentido passivo que a palavra DADO pudesse sugerir. Daí a ênfase em que o curso deveria ser feito ativamente. Quanto às aspas da palavra POLÍTICA, nada sabe ou avalia.

Perguntado por que a redação do 4º item do documento citado na pergunta anterior volta ao DADO entre aspas e, ainda mais, tem o [termo] NO DURO entre parênteses, respondeu que a palavra DADO volta a aparecer entre aspas, seguida da expressão entre parênteses NO DURO, confirmando, no parecer do depoente, a explicação feita anteriormente. Observa-se que a expressão NO DURO é antecedida da afirmação de que o curso deveria ser feito como se fosse no círculo de cultura, quer dizer, de forma ativa.

Perguntado como entende o depoente o conceito [de] OPÇÃO, respondeu que OPÇÃO é escolher livremente. Que não há opção sem liberdade de escolha, daí que, nos regimes ditatoriais, não haja opção, mas imposição. Na democracia, é possível optar. Perguntado entre que conceitos pode optar, em política, um "alfabetizado" pelo seu suposto método, depois de se submeter a uma intensa politização, conforme atestam as fichas desenvolvidas em torno das palavras geradoras, respondeu que insiste o depoente em que jamais determinou, ou ao menos sugeriu, [que] devessem os alfabetizadores politizar. O depoente já deixou clara sua posição nesse aspecto. Está convencido de que, [se se] verdadeiramente conscientizar e não politizar, a opção do ex-analfabeto seria democrática.

Perguntado qual a política preconizada pelo seu método de politização, respondeu que reinsiste o depoente em que seu método não era de politização e repete que seria uma distorção de suas ideias e de seus objetivos usá-lo para aquele fim. A preocupação do depoente, mais uma vez afirma, era de uma educação democrática. Perguntado qual o [*p.* 10] ambiente que serviu de base ao seu método de conscientização, respondeu que as primeiras experiências foram feitas quando o depoente coordenava um trabalho de educação de adultos no Movimento de Cultura Popular. Com a criação do Serviço de Extensão Cultural [SEC] da Universidade do Recife, em 1962, que motivou o afastamento do depoente daquele Movimento, as experiências continuaram, já agora a cargo do SEC.

Perguntado para que tanto palavreado complicado e até mesmo não constante no dicionário, que usa, sistematicamente, para apresentar ou justificar o método de politização e conscientização, Paulo Freire respondeu que usa as palavras que lhe parecem ajustadas ao que pretende expor. Acrescenta que seu método não é, do ponto de vista dos objetivos do depoente, de politização.

Perguntado quais os elementos do grupo francês que estavam ligados ao depoente no setor da educação, respondeu que o depoente manteve e mantém relações com o sociólogo JOFFRE DUMAZEDIER,[22] com quem esteve pessoalmente no Recife. Além desses, o depoente manteve correspondência com o professor PAUL LENGRAND,[23] da UNESCO, sediada em Paris. Perguntado quais os elementos do grupo francês que o depoente pode afirmar com certeza que não pertencem ao PC [Partido Comunista] Francês, respondeu que, ao que conste ao depoente, nenhum desses dois professores faz parte do PC.

Perguntado quem é LANDA, que atuava em São Paulo, respondeu que o depoente não conhece nenhuma LANDA. Esclarecido, porém,

---

22 Joffre Dumazedier (1915-2002), sociólogo francês, fundador da organização Peuple et Culture, inspiradora direta do Movimento de Cultura Popular (MCP) do Nordeste brasileiro. Dumazedier inaugurou os estudos da sociologia do lazer e do divertimento.

23 Paul Lengrand (1910-2003), importante dirigente francês da Organização das Nações Unidas para a Educação, a Ciência e a Cultura (Unesco), autor do conceito de *education tout au long de la vie* ou *lifelong learning*, que em português foi traduzido como educação continuada.

que se tratava de pessoa da amizade de dona Violeta,[24] admite ser dona YOLANDA,[25] de cujo sobrenome não se recorda.

Perguntado se, no seu entender, há "consciência social" na URSS [União das Repúblicas Socialistas Soviéticas], na CHINA ou em CUBA, respondeu que, se se tomar "consciência social" como algo que repousa numa mentalidade aberta, não.

Perguntado qual a estruturação do Serviço de Extensão Cultural, respondeu que o SEC tinha um diretor e um secretário executivo. Sua estrutura, que não era rígida, compreendia setores com seus responsáveis. Setor de extensão, de formação, de pesquisas sociais, a rádio, além da parte puramente burocrática. Funcionava, porém, como uma equipe. Perguntado se reconhece como do SEC as 18 fichas que lhe são mostradas no momento, uma a uma, denominadas: ROÇADO; FARINHA; TERRA; SECA; ENGENHO-ENXADA; CHUVA; ficha sem título, cuja primeira linha é "O POVO NÃO TEM DINHEIRO PARA COMPRAR"; outra MÁQUINA; TRABALHO; CEGO-GUIA; POBREZA; POVO; CLASSE-ELEIÇÃO; outra ficha cuja primeira frase é "O POVO É

---

24 Violeta Arraes (1926-2008), irmã de Miguel Arraes. Socióloga, psicanalista e ativista, participou do Movimento de Educação de Base (MEB) da Conferência Nacional dos Bispos do Brasil (CNBB) em 1961 e 1962, colaborou com Dom Hélder Câmara no Secretariado Nacional da Ação Católica e foi uma das fundadoras do Movimento de Cultura Popular (MCP) em Pernambuco.

25 Yolanda Betancourt, educadora popular, articulou a edição e publicação de materiais da pedagogia freiriana na alfabetização de adultos em São Paulo entre 1963 e 1964.

TRABALHADOR"; TIJOLO; CASA; DEBATE DAS SITUAÇÕES SOCIOLÓGICAS (com duas folhas); CLASSE; e uma ficha cu[ja] primeira frase é "O TIJOLO É FEITO DE BARRO", respondeu que, apesar de não ter participado da feitura desses roteiros, por se [encontrar] em Brasília na época, admite que tenham sido elaborados pela equipe do SEC. Perguntado se reconhece como do SEC (equipe de formação – curso de formação etc.) o documento que lhe é apresentado e que será juntado aos autos do presente IPM, respondeu que sim.

Perguntado que desafio representam as palavras geradoras, desafio a que ou a quem, respondeu que as palavras geradoras em si mesmas não representam o desafio no sentido de estímulo, mas a situação em que estão. O estímulo (desafio) se faz aos analfabetos. Perguntado como pode o homem optar, se, pelo próprio espírito de seu suposto método de alfabetização, ele se submete, realmente, a um tremendo bombardeio de conceituação de luta de classes, em período de tempo amarrado dentro de grande rigor, com sentenças preparadas para cada turma, local e época, a tal ponto que não compreende qualquer cartilha por ser considerada reacionária, respondeu que, pelo espírito do método, os participantes dos círculos (analfabetos) não devem ser, como já foi enfatizado, indoutrinados [*sic*]. Estimulados pelas situações, escutam-nas livremente, sem que o coordenador (alfabetizador) imponha suas ideias.

Os roteiros são elementos subsidiários dos coordenadores, e não o caminho rígido que devam seguir. Nunca foi, por outro lado, intenção do depoente incitar a luta de classes. O depoente considerou as cartilhas como algo de reacionário do ponto de vista estritamente pedagógico. Talvez melhor tivesse dito que eram superadas, no que tange à [*p. 11*] alfabetização de adultos.

Perguntado como pode não ter dado valor aos coeficientes do projeto de Angicos a tal ponto que já nem se recorda dos pontos fundamentais, respondeu que o depoente deu à experiência de Angicos a atenção merecida. Na verdade, porém, não se recorda no momento de seus índices estatísticos, afirmando, todavia, que houve resultados positivos. Perguntado se pode negar, tomando por base os resultados de Angicos, proclamados pelos mais espalhafatosos recursos de propaganda dirigida, que seu suposto método de alfabetização, agora reconhecido e definido como destituído de originalidade em suas próprias declarações, foi aceito pelo governo federal para o plano nacional, respondeu que o noticiário espalhafatoso dos jornais, a que se refere a pergunta, não foi feito nem orientado pelo depoente; por outro lado, mesmo que nenhuma originalidade houvesse em seu trabalho, a intenção do depoente, afirmada e reafirmada, era a de oferecer alguma contribuição à solução do problema do analfabetismo, e nada mais. Isto foi feito. Não pode o depoente afirmar terem sido ou não as notícias e reportagens de jornais o que motivou o ex-ministro Paulo de Tarso a convidá-lo para tal empreendimento.

Perguntado quanto custou ao governo federal a "patente" do seu método de "conscientização" e "politização", respondeu que nunca tirou patente de seu método. Perguntado, até o presente momento, de que estados ou territórios da federação recebe "ROYALTIES" pela aplicação de seu método de "conscientização" e "politização", respondeu que de nenhum.

Perguntado como, se tem tanto interesse na educação realmente democrática, demonstrou tanto descaso pelos resultados estatísticos de Angicos e que resultaram em excelente teste de politização marxista, respondeu que o depoente jamais afirmou não ter tido [interesse] pelos resultados de Angicos. Esclarece também, mais uma vez, que aquela experiência foi realizada sob o comando do CECERNE [*sic*], órgão que dirigia os convênios entre o governo do estado do Rio Grande do Norte e a Aliança para o Progresso, no campo da educação. Mais ainda: não é e jamais foi marxista. Perguntado se, em que pesem suas respostas anteriores, com os roteiros empregados em ANGICOS, poderia mesmo ser outro o resultado que não uma intensa politização marxista, respondeu que o depoente não se recorda realmente desses roteiros e não os fez. De qualquer forma, viu em Angicos homens alfabetizados e não marxistamente [*sic*] politizados.

Perguntado se a sua insistência sistemática na palavra "realidade" (local, social, política, brasileira, nacional etc.) significa apenas um seguir, sem sentido, outros autores, ou se, pelo contrário, significa que a nossa organização social, política, nacional brasileira é uma irrealidade, uma mentira, e que deve, portanto, ser radicalmente transformada, respondeu que, ao referir-se à realidade local, regional ou nacional, atinha-se naturalmente às condições sociais, históricas etc. Entendia e entende que esta realidade é real e que precisa sofrer modificações, em termos democráticos, pelas quais sempre se bateu [*sic*]. Modificações que hoje vêm sendo tão bem encaminhadas pelo exmo. sr. presidente CASTELLO BRANCO.

Perguntado por que, se o depoente não estava de acordo com o alarde feito pela imprensa em torno do tempo curto de politização e "conscientização" de seu suposto método de alfabetização, não protestou em solidariedade aos numerosos educadores que alfabetizavam nas mesmas condições ou melhores, respondeu que, ao parecer do depoente, fez o que lhe parecia certo: em toda ocasião propícia chamou a atenção para o fato [de] que não era o tempo rápido de alfabetização o fundamental, mas a formação do homem, que se devia seguir pelas fases posteriores. Dificilmente, porém, os jornalistas evitavam o alarido referido. A responsabilidade não era do depoente. Perguntado, se "seu método", conforme declara, não tinha pretensões de originalidade, quem pagava o custo da vultosa e espalhafatosa propaganda pelos jornais, rádio e TV, respondeu que a originalidade ou não do método não está em jogo nesse caso. Quanto às despesas da campanha, eram autorizadas pelo [*p.* 12] ministro e não pelo depoente.

Perguntado se, depois de esclarecido de que todos reconhecemos que o diálogo é indispensável e só ele realmente educa, repetindo-se a pergunta – "por que, falando tanto em diálogo, as amostras de seu suposto método não passam de um grande monólogo e monólogo orientado, sem possibilidade de opção por parte do aprendiz ou coordenador" –, respondeu que concorda totalmente com a formulação feita na pergunta, de que só o diálogo educa. Por isso mesmo é que sempre enfatizou esta afirmação. Por sugestão ou orientação do depoente, jamais funcionou qualquer círculo de cultura sem o diálogo, ou qualquer curso de formação de coordenador sem que este não fosse visto como uma pessoa e, por isso, respeitado no seu direito de opinar e optar.

Perguntado se não reconhece que o diálogo pior que existe é justamente aquele que é dirigido de fora, por um grupo extra, forçado sob controle entre um grupo e um coordenador, respondeu que não era esta a forma de diálogo que o depoente defendia. Qualquer imposição de um dos polos do diálogo sobre o outro implica sua morte (do diálogo).

Perguntado se a semelhança entre os processos dos educadores de HITLER, MUSSOLINI e STALIN e PAULO FREIRE não está exatamente em que um grupo, na Alemanha o nazismo, na Itália o fascismo, na Rússia o marxismo e no Brasil o esquerdismo caboclo e sem orientação, todos – os grupos – citados, constituindo em cada país de origem a base organizadora do grande monólogo que envenena sob orientação e conforme a vontade, mostrando uma "realidade" com forma preestabelecida, assim massificando o homem, que é transformado em coisa, respondeu que concorda com as semelhanças entre os métodos usados por Stalin, Mussolini e Hitler para a diminuição do homem, para a sua massificação. Jamais aceitaria, porém, qualquer semelhança, como já afirmou, mesmo longínqua, entre aqueles métodos e o que sempre defendeu e viveu o depoente. Como poderia o depoente, cristão católico, e o afirma cônscio de toda a responsabilidade que sabe recair perante DEUS, sobre quem existe ou tenta existir cristamente [*sic*], pregar e realizar o desrespeito da pessoa humana? Exatamente porque cristão católico, havia combinado com D. JOSÉ NEWTON[26] em BRASÍLIA, com d. Fernando[27] em Goiânia e com d. Carlos Coelho[28] em Recife (infelizmente falecido) a adequação do seu método à educação religiosa. Preocupação idêntica a d. Hélder.[29]

Perguntado em que estados o seu processo já atingiu a 2ª ou a 3ª fase, respondeu que as fases subsequentes à alfabetização vinham sendo estudadas pela equipe do SEC. Em São Paulo, após uma experiência pequena de alfabetização no município de Osasco, iniciava-se, segundo informações que recebeu o depoente, um ensaio da 2ª fase. Era intenção do depoente fazer experiências-piloto para efeito de estudo. Da 3ª fase nada havia a não ser em estudos. Perguntado se, em face da realidade que Yolanda – que Violeta Arraes chama de Landa –, em carta de 29 de julho de

**26** Dom José Newton Baptista (1904-2001), primeiro arcebispo de Brasília e arcebispo do Ordinariado Militar do Brasil. Era membro da Comissão Central da CNBB.

**27** Dom Fernando Gomes dos Santos (1910-1985), arcebispo de Goiânia entre 1957 e 1985, participou do Concílio Vaticano II, em 1961, e da Conferência dos Bispos Latino-Americanos em Medellín, em 1968.

**28** Dom Carlos Gouveia Coelho (1907-1964), arcebispo de Olinda e Recife entre 1960 e 1964, foi presidente da Comissão de Educação da CNBB.

**29** Dom Hélder Câmara (1909-1999), arcebispo de Olinda e Recife entre 1964 e 1985, fundador da CNBB e um dos mais importantes líderes da resistência católica contra a ditadura no Brasil e na América Latina. Desde 2017, é o Patrono Brasileiro dos Direitos Humanos.

1963, empregou as seguintes expressões, referindo-se a Paulo Freire: "é uma boa experiência para a fabricação do material"; "os trabalhos só tomaram forma e rumo após a passagem de Paulo Freire"; "tudo começou pela alfabetização, porém já está engrenada a 2ª fase, que é a mais importante"; pode explicar [o] que significa "fabricação de material", "tomar forma e rumo" e "engrenada a 2ª fase", respondeu que "a fabricação do material" se referia ao usado na aplicação do método. Quanto a "2ª fase, que é a mais importante", trata-se realmente da 2ª fase a que o depoente já se referiu. Quanto à afirmação "os trabalhos só tomaram forma e rumo após a passagem de Paulo Freire", trata-se de uma visita que fez o depoente a São Paulo, em que discutiu o andamento do trabalho. Perguntado quem é Yolanda, respondeu que Yolanda Betancourt, nome de solteira, foi diretora [*p*. 13] ou o que valha do setor de publicações da AGIR e que morava em São Paulo e hoje reside em Minas.

Perguntado se se submete a um confronto de alfabetização com os processos de D. ALFREDINA, D. VESPERTINA ou outro processo audiovisual, em igualdade de riqueza e ainda em igualdade de tempo, para verificar qual o mais eficiente, respondeu que sim. E que será o primeiro a afirmar as vantagens e superioridades de qualquer método sobre o seu. Sua preocupação, repete, nunca foi outra que não a de ajudar o seu país. Jamais o dominaram interesses subalternos ou vaidades. Perguntado por que, no interesse do mesmo país, não foi o primeiro a realizar, exigir ou sugerir o confronto citado na pergunta acima, respondeu que poucas não foram as vezes em que falou sobre suas experiências, não só no Recife como em outras cidades, jamais afirmando ser o dono da alfabetização nacional, e que concretizaria o que afirmou acima. Ao ministro, chegou a propor uma reunião de educadores brasileiros para a discussão não só dos resultados de seu trabalho mas de outros.

Perguntado se o governo fez convênios para alfabetizar ou se fez convênios para "politizar" e "conscientizar", respondeu que os convênios eram feitos para a aplicação do método. Sobre este, já afirmou o depoente não ter objetivos politizantes. Perguntado se pode negar que vendeu o seu suposto método de alfabetização ao governo federal por 5 milhões de cruzeiros, conforme informação do general R/1 JOSÉ RIBAMAR LEÃO E SILVA,[30] da Comissão de

**30** General R1 é aquele que cumpriu trinta anos como efetivo em serviço e passou para a reserva remunerada do Exército Brasileiro. Em 1964, o general José Ribamar Leão e Silva foi membro do Centro de Informações do Exército (Ciex) de Brasília e, possivelmente, atuou na Comissão de Investigação Sumária do MEC (Cismec), parte da Comissão de Investigação Sumária 64 (CIS 64), baseada no AI-1 de 9 de abril de 1964 e na Portaria 122 de 5 de maio de 1964 (CNV, 2012a, p. 196-7).

Inquérito do MEC, respondeu que nega, [que] jamais vendeu seu método ao governo brasileiro ou a qualquer outra instituição, particular ou pública, nacional ou estrangeira. Perguntado se pode negar que recebe 250 mil cruzeiros mensais pela exploração de seu suposto método de alfabetização no Distrito Federal (Brasília), conforme informação do general R/1 José Ribamar Leão e Silva, da comissão já citada, respondeu que recebia uma gratificação de 250 mil cruzeiros mensais como presidente da Comissão Nacional de Cultura Popular e, posteriormente, deixando esta presidência como coordenador do Programa Nacional de Alfabetização, criado por decreto presidencial, isto inclusive foi declarado no seu imposto de rendas.

Perguntado por que o depoente tem tanto horror à rigidez e mesmo à esquematização em certos aspectos, tais como a do SEC, e, sobretudo, não admitindo uma cartilha, que o depoente julga a todas reacionárias, respondeu que o depoente por convicção não aceita as coisas rígidas, sem que isto signifique rejeitar a ordem e a disciplina. Não aceita os esquemas rígidos porque os considera limitadores da inteligência do homem. Quanto às cartilhas a que o depoente se referiu como reacionárias, repete o já afirmado anteriormente: a expressão "reacionária" cinge-se ao aspecto pedagógico. Talvez realmente melhor tivesse dito estarem elas superadas, pelo menos quanto à educação de adultos. Perguntado onde trabalhava no dia 1º de abril do corrente ano, respondeu que na universidade, como diretor do SEC, e na coordenação do Programa Nacional de Alfabetização, em Brasília. Perguntado onde está trabalhando agora, respondeu que na universidade.

Perguntado quais os seus principais inimigos no Brasil e em que interesses poderiam prejudicar o depoente, respondeu que não conhece inimigos seus. Perguntado qual o conceito que faz dos usineiros como um todo (conjunto), respondeu que como uma classe que dinamiza um setor importante da economia brasileira, sobretudo a do Nordeste. Perguntado qual o conceito que faz dos senhores de engenho como conjunto, respondeu que, como um conjunto, constituem um grupo inserido na economia açucareira. Perguntado qual o conceito que faz dos comerciantes como conjunto, respondeu que constituem um grupo indispensável à economia de consumo. Perguntado qual o conceito que faz dos extremismos, nazismo, fascismo, comunismo, respondeu que o pior possível, enquanto na verdade reduzem [*p.* 14] o homem a uma coisa, a um objeto.

Perguntado que conceito faz das repúblicas democráticas populares do tipo das dos Estados da "cortina de ferro", respondeu que não gostaria de viver nelas, pelas razões expostas na resposta anterior. Perguntado se tem entusiasmo pelo atual regime político cubano, respondeu que não. Perguntado se é um admirador de Fidel Castro, respondeu que não. Perguntado se é um admirador do regime atual da URSS, respondeu que não. Perguntado se é um admirador do PCUS [Partido Comunista da União Soviética], respondeu que não. Perguntado se é um admirador do PCB [Partido Comunista Brasileiro], respondeu que não. Perguntado que conceito fazia e faz do governo GOULART, respondeu que era um governo com certos aspectos positivos, mas instável e sem inspirar suficiente confiança. Perguntado que juízo fazia e faz de JOÃO GOULART, respondeu que o seu juízo de João Goulart como pessoa se associa ao feito como homem público e chefe de Estado, uma vez que não tinha relações pessoais com aquele cidadão. Perguntado que juízo fazia e faz de [Leonel] Brizola,[31] respondeu que ao depoente parecia o senhor BRIZOLA profundamente irrequieto e agressivo. Perguntado que juízo fazia e faz de Miguel Arraes, respondeu que fazia e faz um bom juízo. Perguntado que juízo fazia e faz de Pelópidas Silveira, respondeu que igualmente bom.

---

**31** Leonel Brizola (1922-2004) foi deputado estadual e federal, prefeito de Porto Alegre e governador do Rio Grande do Sul e, por duas vezes, do Rio de Janeiro, assumindo papel de destaque na resistência ao golpe de 1964.

Perguntado que juízo fazia e faz de José Ermirio de Moraes,[32] respondeu que não tem nenhum juízo formado. Perguntado que juízo fazia e faz de Estácio Souto Maior,[33] respondeu que também não tem nenhum juízo formado. Perguntado que juízo fazia e faz do dr. João Alfredo da Costa Lima,[34] respondeu que fazia e faz o melhor juízo do dr. João Alfredo, quer como homem particular, quer como homem público. O depoente conhece-o há 16 anos, jamais descobrindo nele nenhum gesto ou atitude que lhe desabonasse a conduta moral e cívica. É um homem de bem. Seu compor-

---

**32** José Ermirio de Moraes (1900-1973), um dos empresários mais ricos e influentes do Brasil. Nascido no Recife em uma família aristocrática de senhores de engenho, fundou o grupo Votorantim em 1918. Embora tenha sido ministro da Agricultura de Jango entre janeiro e junho de 1963, financiou o Instituto de Pesquisas e Estudos Sociais (Ipes), que comandou a campanha ideológica pelo golpe de 1964.

**33** Estácio Souto Maior (1913-1974), médico pernambucano filiado ao Partido Trabalhista Brasileiro (PTB). Foi deputado entre 1955 e 1961 e ministro da Saúde entre 1961 e 1962, no governo Jango. Durante a ditadura, contudo, filiou-se à Aliança Renovadora Nacional (Arena).

**34** João Alfredo da Costa Lima, reitor da Universidade do Recife (UR) entre 1959 e 1964, quando a ditadura o perseguiu e forçou sua renúncia. Foi criador do SEC em 1962, tendo convidado Paulo Freire, então professor da UR, para dirigi-lo. Junto com Freire, formulou a concepção de uma universidade popular e apostou na universidade como órgão de formação de trabalhadores. Foi difamado e perseguido por intelectuais de direita liderados por Gilberto Freyre, que o acusava de promover o aparelhamento dos órgãos da UR pelo comunismo (Veras, 2021).

tamento na universidade como reitor pareceu sempre, ao depoente, respeitável e digno.

Perguntado que juízo fazia e faz de Rubens de Souza, tesoureiro da UR [Universidade do Recife], respondeu que igualmente bom. Perguntado que juízo fazia e faz de Luiz Carlos Prestes,[35] respondeu que faz o de ser ele um líder que defende uma ideologia que não se identifica com as posições do depoente, reiteradas vezes afirmadas em seu depoimento. Perguntado que juízo faz de [Francisco] Julião, respondeu que de um líder com cujas formas de ação não concorda o depoente. Perguntado que juízo faz de Gregório Bezerra,[36] respondeu que idêntico ao feito do senhor Carlos Prestes.

---

**35** Luiz Carlos Prestes (1898-1990), secretário geral do PCB entre 1943 e 1980 e senador entre 1946 e 1948. Apelidado de "Cavaleiro da Esperança", Prestes foi um dos mais populares líderes comunistas do país. Perseguido e preso pelo Estado Novo, conseguiu fugir da ditadura instalada em 1964 e exilou-se na União Soviética até 1979.
**36** Gregório Bezerra (1900-1983), dirigente histórico do PCB, deputado constituinte em 1946, teve os direitos políticos cassados pelo governo de Eurico Gaspar Dutra em 1948. Foi novamente preso após o golpe de 1964, ao ser emboscado no interior de Pernambuco por tropas do coronel Ibiapina, o mesmo que interrogou Paulo Freire (CEMV, 2012, p. 114). Torturado em público e linchado pela ditadura, foi libertado em 1969 com outros catorze presos políticos em troca do embaixador dos Estados Unidos Charles Elbrick. Exilou-se no México e na União Soviética.

Perguntado que juízo faz de David Capistrano,[37] respondeu que nenhum, não o conhece. Perguntado que pensa do Movimento de Cultura [*sic*], respondeu que nasceu o MCP[38] de um grupo de intelectuais pernambucanos, [tendo] à frente o Professor Germano Coelho,[39] com o objetivo de promoção do homem. O depoente participou de reuniões em que se discutiam as sugestões apresentadas por aquele professor, homem católico, para a estruturação daquele movimento. O professor Germano Coelho estudara em Paris,

**37** David Capistrano (1913-1974), dirigente histórico do PCB que atuou na clandestinidade a partir do golpe de 1964. Organizou a resistência contra a ditadura até 1972, quando se exilou na Tchecoslováquia. Ao voltar clandestinamente, em 1974, engajou-se na resistência, mas foi preso e tornou-se um desaparecido político. Só em 1992 comprovou-se que Capistrano foi torturado, morto e esquartejado na Casa da Morte de Petrópolis (RJ). Ver CNV (2012c, p. 1.616-21).

**38** O Movimento de Cultura Popular (MCP) foi um movimento de educação popular e alfabetização de adultos criado em 1960 no Recife. Era protagonizado por estudantes universitários, intelectuais e artistas, e inspirado na concepção do grupo Peuple et Culture, da França. O MCP apropriou-se da pedagogia freiriana e foi apoiado pelo governo de Miguel Arraes, até ser perseguido e seus membros, presos e proscritos pela ditadura a partir de abril de 1964.

**39** Germano Coelho (1927-2020), primeiro presidente do MCP, educador popular e professor da Universidade do Recife, onde trabalhou diretamente com Paulo Freire. Em 1964, era secretário de Educação e Cultura de Pernambuco sob o governo de Miguel Arraes, igualmente cassado e perseguido pelo regime. Como integrante do Movimento Democrático Brasileiro (MDB), foi prefeito de Olinda (PE) em dois mandatos (1977-1980 e 1993-1996).

onde conhecera o movimento PEUPLE ET CULTURE, de objetivos semelhantes, e, se não está o depoente em erro, ligado àquela época ou hoje ao Ministério de Educação da França. Daquela instituição francesa, julga o depoente, terá o professor Germano Coelho recebido as influências para a fundação do MCP. Perguntado se reconhece que o MCP foi criado por ordem do Congresso do PCUS em LEIPZIG, respondeu que desconhece. E mais: se desconfiasse sequer da existência de tal ordem, jamais teria emprestado sua colaboração àquela instituição. Reinsiste o depoente nas suas convicções cristãs católicas, inconciliáveis com a aceitação de determinações de tal ordem. Perguntado se, em caso de luta entre o Brasil e um país comunista ou socialista, com quem lutaria o depoente, respondeu que, em caso de luta do Brasil com qualquer outro país, estará o depoente irrestrita e absolutamente com o BRASIL, que é a sua pátria e a pátria dos seus.

Perguntado [sobre o] que pensa da REVOLUÇÃO de 31 de março do corrente ano, respondeu que [*p.* 15] os objetivos da revolução, não apenas constantemente proclamados, mas alguns deles já em vias de concretização, sob liderança do exmo. sr. presidente CASTELLO BRANCO, correspondem aos anseios do depoente. A ênfase que o sr. presidente vem dando à objetivação das reformas de base, em termos democráticos em todas as suas manifestações, desde seu discurso de posse, deixa o depoente, como cristão e brasileiro, feliz e em paz. E em paz com a sua consciência, porque foi por tais empreendimentos que sempre se bateu [*sic*].

Perguntado quais os comunistas que conhece, respondeu que não tem convivência com nenhum comunista. Perguntado quais os esquerdistas que conhece, respondeu que conhece democratas que defendiam as reformas fundamentais para o país, hoje lideradas pelo sr. presidente. Que, pelo fato de assim procederem, quase sempre eram catalogados como esquerdistas e até extremistas. Perguntado quais as suas relações com os comunistas locais, respondeu que não tinha relações com comunistas.

Perguntado se sofreu algum maltrato físico ou fome durante o período em que esteve preso pelo Exército, respondeu que pelo contrário, salienta a maneira cortês com que vem sendo tratado pelo Exército desde sua detenção. A bem da verdade, esclarece ainda ter sido cordialmente recebido pelo exmo. sr. secretário da Segurança Pública, ao tempo coronel Ivan Rui, como também pelo dr. Álvaro Costa Lima, delegado auxiliar.

Perguntado se esteve foragido após o movimento revolucionário de 31 de março, respondeu que, vitoriosa a revolução, se achava o depoente em Brasília. Nunca tivera a intenção de abandonar o país, foragidamente. Encontrou-

-se, porém, estafado, ficou em Brasília repousando em casa de um seu amigo. Nos meados de maio, quando já se achava mais ou menos recuperado, voltou para o Recife, não o fazendo sem que antes se informasse através de amigo para isso apresentado ao exmo. sr. general Geisel,[40] chefe da Casa Militar, pelo exmo. sr. general Muricy,[41] se havia algo contra o depoente em Brasília que exigisse sua permanência. Nada havendo, nem por parte do Exército nem da polícia, àquela época, contra o depoente, voltou para o Recife. Aqui chegado, apresentou-se no dia seguinte ao exmo. coronel Ivan Rui, então presidente da Segurança, que, após uma conversa cordial, o encaminhou no dia seguinte ao dr. Álvaro Costa Lima, com quem o depoente esteve várias vezes, sempre muito bem recebido. Prestou depoimento à comissão de inquérito da universidade, tendo sido por fim detido no dia 17 do mês de junho próximo passado [*sic*].

Perguntado se assinou listas de solidariedade, respondeu que, de que se recorde o depoente, assinou há algum tempo uma

**40** Ernesto Geisel (1907-1996), ditador presidente do Brasil de 1974 a 1979. Entre 1964 e 1967, foi ministro-chefe do Gabinete Militar. Ocupou cargos de alto escalão durante toda a ditadura.

**41** Antônio Carlos da Silva Muricy (1906-2000), um dos líderes do golpe militar de 1964. Comandou o Destacamento Tiradentes, que coordenou a Polícia Militar de Minas Gerais e o Exército na condução de tropas em direção ao Rio de Janeiro para deposição golpista de Jango em 31 de março de 1964.

lista em defesa da autodeterminação de Cuba; como recentemente, uma outra de solidariedade ao então governador Miguel Araes. Faz questão, porém, de salientar que a primeira, em defesa da autodeterminação de um país, [está] de acordo inclusive com a própria política externa do Brasil. Da mesma forma, teria o depoente assinado em defesa de outro país. A solidariedade, portanto, não foi ao regime político, que este o depoente não aceita. Perguntado se assinou listas de protestos, respondeu que não se recorda.

Perguntado se desconhece que as resoluções do congresso do PCUS em Leipzig foram publicadas nos jornais do Brasil e reproduzidas nos jornais do Recife, nos dias em que era discutida a criação do MCP, respondeu que desconhece totalmente. Perguntado se desconhece o mesmo fato relacionado à pergunta anterior, quando, em Natal, foi iniciada a campanha "De pé no chão também se aprende", respondeu que desconhece totalmente.

Perguntado por que as cartilhas estão superadas – o depoente sempre empregou o termo "reacionárias" – mesmo para a alfabetização de adultos, respondeu que, quanto à expressão "reacionárias" aplicada às cartilhas, já disse o depoente referir-se ao aspecto puramente pedagógico. Afirmou também que melhor teria sido dizê-las superadas. Esta superação decorre do fato de já não serem necessárias para a alfabetização, em que pese isto não significar que tenham perdido sua total validade. Perguntado por que motivo o depoente não organizava suas fichas de aulas ou seus roteiros [*p.* 16] em cartilhas, respondeu que estava convencido de que conseguiria alfabetizar sem elas, e o fazia. Perguntado se o depoente não reconhece que as cartilhas são "superadas" dentro da sua concepção exclusivamente porque o mais importante era a politização que variava para cada turma, uma vez que a experiência anterior, embora dentro da alfabetização constante, encontrava sempre uma politização progressiva, exemplo exato da sequência [da] cartilha MCP e MEB [Movimento de Educação de Base], respondeu que não. A superação a que se refere o depoente, repete, era apenas pedagógica. Sua preocupação, que insistentemente vem afirmando, não era politizar, o que se pode fazer ou deixar de fazer com ou sem cartilha. Para o depoente, o que se há de fazer com o analfabeto é educá-lo, mais do [que] alfabetizá-lo, e nunca politizá-lo. Conscientizá-lo, sim. Perguntado se haveria necessidade de mudar os roteiros, na mesma área, quando se tratasse apenas de alfabetização, respondeu que, para o depoente, alfabetizar e conscientizar estão ligados. Desta forma, não lhe parece possível pensar em roteiros exclusivos para alfabetizar.

Perguntado por que motivo, se o convênio era para aplicar o "seu método", o governo sempre insistiu apenas no termo "alfabetização", respondeu que talvez porque fosse, como é, a alfabetização uma necessidade imperiosa para o país. Perguntado se não acha que sua culpa poderia ter surgido após as perguntas formuladas às autoridades civis e militares (citadas), respondeu que não. O fato de ter providenciado a consulta àquelas autoridades não implica que se julgasse o depoente culpado. Perguntado se admite que a impressão do major JOÃO BAERE DE ARAÚJO,[42] assessor da comissão de inquérito da universidade, é a de que o depoente não teve o cuidado necessário de estudar o que existia, antes de sua tentativa, no Brasil e no estrangeiro, e ainda demonstrou notável inocência – educacional –, respondeu o depoente que tomou conhecimento da opinião do major neste momento. E que, como opinião, o depoente a respeita. Perguntado onde mais, além da UR, prestou depoimentos sobre os assuntos ora inquiridos, respondeu que, além da UR, só a este IPM. Perguntado qual a impressão que teve do interrogatório da Secretaria de Segurança Pública [SSP], respondeu que não foi ouvido na SSP, tendo apenas mantido uma conversa cordial com o então presidente coronel Ivan Rui e alguns encontros com o dr. Álvaro Costa Lima. Perguntado qual a impressão que teve do interro-

42 Não foram encontradas mais informações sobre esse major.

gatório prestado à comissão da UR, respondeu que teve boa impressão. Perguntado, digo, quanto às respostas que o depoente deu [*sic*].

Perguntado por que estava preparando passaporte para se ausentar do Brasil, respondeu que, num sábado de junho passado, cuja data o depoente não pode afirmar, recebeu um telegrama assinado pelo padre IVAN ILLICH,[43] do CENTER OF INTERCULTURAL FORMATION de Cuernavaca, consultando se o depoente poderia dar um curso em inglês durante 15 dias daquele mês. Neste mesmo sábado, o depoente solicitou de uma amiga sua, que também o é do dr. Álvaro C. Lima, que ela o consultasse sobre a possibilidade de o depoente viajar, desde, porém, que pudesse dar o curso em português. Na segunda-feira imediata, o depoente telegrafou para aquele centro dizendo que só poderia dar o curso em sua língua. No período da manhã daquela segunda-feira, o depoente esteve na universidade, conversando com d. Neusa Breckenfeld [auxiliar

**43** Ivan Illich (1926-2002), educador austríaco, autor do livro *Sociedade sem escolas* (1971), que defendia a tese da desescolarização, pois considerava a escola uma instituição inexoravelmente disciplinar e autoritária. Passou boa parte da vida em Cuernavaca, México, onde fundou o Centro Intercultural de Documentação (Cidoc), que recebeu a visita de Paulo Freire em 1967 e publicou pioneiramente alguns de seus textos chilenos em 1968 (Vasconcelos, 2020, 2021; Romo, 2020).

administrativa da UR] sobre que providências deveria tomar para seu possível afastamento por dias. Na mesma tarde, o depoente providenciava, para não perder tempo, a obtenção dos papéis indispensáveis. À noite daquela segunda-feira, sua amiga telefonou-lhe dizendo-lhe que o dr. Álvaro Costa Lima não achava oportuna a saída do depoente naquele momento.

Perguntado que julgamento fez da greve estudantil de junho de 1961 e onde estava naquela época, respondeu que julgou a greve improcedente; que se encontrava no Recife e que, ainda acompanhado de três professores católicos, fora ao arcebispo D. CARLOS COELHO (hoje falecido) solicitar-lhe uma reunião daquela autoridade eclesiástica com a liderança da greve para convencê-la de que devia suspendê-la e retornar às aulas. [*p.* 17] Esta reunião se fez e o depoente esteve presente a ela. Perguntado que juízo faz das reivindicações dos universitários em torno do terço nos conselhos universitários, respondeu que julga indispensável os estudantes nos conselhos universitários. Quanto ao terço, seria talvez uma experiência a ser feita.

Perguntado que juízo faz do "chamado estudante profissional" [*sic*], respondeu que péssimo.

Perguntado por que seu suposto método de alfabetização destrói as hierarquias, e, em particular, a militar, conforme declara JARBAS MACIEL[44] em uma das suas críticas (página 32 da Revista de Cultura da UR [*Estudos Universitários*]), respondeu que jamais poderia o depoente pensar na destruição da hierarquia, sem a qual nada existe. Apesar de serem do professor Jarbas Maciel as afirmações referidas sobre as hierarquias militar e religiosa, e não do depoente, parece que aquele professor se referia diretamente ao problema do amor, que ele via essencialmente na segunda e não na primeira.

Perguntado se o seu conceito de ordem (página 9 do nº 4 da Revista de Cultura da UR) não é marxista, respondeu que não. Perguntado se as 11 situações criadas (pág. 14) e a forma dialogal (pág. 12 do nº 4, tudo da Revista de Cultura da UR) não impedem, com tudo tão dosado e com tempo fixo, um diálogo impossível, em tese, respondeu que não. Que o diálogo é possível e deve ser feito, e quem não o tenha realizado terá traído as convicções do depoente.

Perguntado se insiste em que Joffre Dumazedier não pertence ao PC francês, respondeu que jamais teve conhecimento da filiação desse professor ao PC francês. Per-

---

**44** Jarbas Maciel (1933-2019), músico, filósofo, matemático e professor. Participou do SEC com Paulo Freire nos anos 1960 e colaborou com as reflexões sobre o sistema Paulo Freire no artigo "A fundamentação teórica do Sistema Paulo Freire", na revista *Estudos Universitários*, n. 4, de 1963.

guntado se o movimento PEUPLE ET CULTURE não é, da mesma forma, um MCP ordenado pelo PCUS em seu congresso de LEIPZIG, respondeu que insiste em que desconhece qualquer ligação, nas suas origens, entre o MCP e o PCUS e que, se tais ligações houvesse e fossem do seu conhecimento, reafirma, não lhe teria emprestado colaboração. Quanto a PEUPLE ET CULTURE nada sabe além do que já disse. Perguntado por que as folhas do nº 4 da Revista de Cultura da UR foram arrancadas, tornando-se um problema difícil o arranjar uma revista inteira, respondeu que não foram propriamente arrancadas as folhas da revista nº 4. Esgotou-se o número e se tiraram separatas de três ou quatro artigos apenas. Daí a impressão de páginas arrancadas.

Perguntado que conceito faz do uso de "práxis", respondeu que a "práxis" é um trabalho submetido à reflexão. Daí que seja exclusiva do homem. Perguntado se tem fatos a alegar ou provas que justifiquem a sua inocência, respondeu que, pelo menos no momento, nada tem a acrescentar, a não ser reenfatizar suas posições democráticas e cristãs. E, como nada mais disse nem lhe foi perguntado, deu o encarregado deste inquérito por findo o presente interrogatório, mandando lavrar este termo, que, lido e achado conforme, assina o indiciado com as testemunhas e comigo, NOALDO ALVES SILVA, capitão, servindo de escrivão, que o datilografei e subscrevi.

# SEGUNDO INTERROGATÓRIO

## 16 DE SETEMBRO DE 1964

[*p.*1] **TERMO DE REINQUIRIÇÃO DE INDICIADO**

Aos dezesseis dias do mês de setembro do ano de mil novecentos e sessenta e quatro, nesta cidade de Recife, no quartel da 2ª Companhia de Guardas, presente o tenente-coronel Hélio Ibiapina Lima, encarregado deste inquérito, comigo, capitão Noaldo Alves Silva, servindo de escrivão, compareceu o dr. PAULO REGLUS NEVES FREIRE, já qualificado neste IPM, a fim de ser reinquirido. Em seguida, passou aquela autoridade a interrogá-lo da maneira seguinte.

PERGUNTADO se "abjura" e repudia as doutrinas comunistas e suas práticas, respondeu que, no caso do depoente, não cabe a expressão "abjurar", de vez que jamais foi comunista, e sim repudiar. PERGUNTADO se considera as doutrinas marxistas erradas e ultrapassadas, respondeu que, como cristão, jamais viu nessas doutrinas a solução verdadeira e condizente com os anseios do homem. Sempre rejeitou as interpretações deterministas dessa doutrina. PERGUNTADO se tem dúvidas da legitimidade dos governos Castello Branco e Paulo Guerra[45] e outros que tomaram posse em virtude de atos revolucionários, respondeu que estes governos estão legitimados pelo Ato Institucional que assegurou a permanência da vida institucional do país, mantendo o Congresso e a Constituição.

PERGUNTADO se julga admissível ou aceitável a volta de João Goulart, Miguel Arraes, Djalma Maranhão,[46] Pelópidas Silveira e outros prefeitos, deputados e vereadores, mediante a concessão de mandatos de segurança, respondeu que a volta destes, como a de outros homens públicos, parece ao depoente aceitável, desde que seja comprovada, através das investigações que vêm sendo feitas pelas autoridades, a inculpabilidade dos mesmos.

---

**45** Paulo Pessoa Guerra (1916-1977) foi eleito vice-governador de Pernambuco na chapa de Miguel Arraes em 1962, assumindo o poder após a deposição de Arraes pelos militares. Em 1965, ingressou na Arena, partido de apoio à ditadura.

**46** Djalma Maranhão (1915-1971), prefeito de Natal entre 1956 e 1959 e militante do PCB, passando depois ao PSB. Em abril de 1964, foi preso em Natal, depois transferido para o Recife, e solto em dezembro. Em seguida, exilou-se no Uruguai, onde faleceu.

PERGUNTADO se já se encontra entrosado em algum movimento contrarrevolucionário, respondeu que de forma nenhuma faz parte de nenhum movimento contrarrevolucionário e que nem sequer discute sobre isto. PERGUNTADO que atitude tomará no caso de ser desimpedido judicialmente nas atuais circunstâncias, respondeu que tomaria a atitude de procurar reintegrar-se à vida social e ao trabalho universitário. PERGUNTADO se pretende incrementar o movimento comunista no Brasil, respondeu que, conforme vem declarando com absoluta sinceridade em todos os seus depoimentos, o depoente, cristão, jamais poderia incrementar o movimento comunista. PERGUNTADO se tentará, em Pernambuco, noutro estado do Brasil ou mesmo no estrangeiro, reorganizar o movimento comunista do Brasil e preparar a contrarrevolução, respondeu que, mais uma vez, enfatiza sua condição de cristão, antagônica com uma ação comunista.

PERGUNTADO se reconhece como legal um CGT [Comando Geral dos Trabalhadores][47] que pressionava o governo e seus ministros, conseguindo até a substituição de ministros, respondeu que não sabe se juridicamente o CGT era ou não legal, mas que não concorda com a sua hipertrofia. PERGUNTADO se

---

47 O Comando Geral dos Trabalhadores (CGT) foi criado em 1962, reunindo diversas organizações sindicais do Brasil. Jamais reconhecido pelo Ministério do Trabalho, foi desarticulado pelo golpe de 1964.

considera legal um governo que permitia uma baderna como a dos marinheiros e fuzileiros, respondeu que o governo era legal, mas permitindo, como no caso referido, movimentos ilegais que feriam a disciplina e ameaçavam a ordem. PERGUNTADO se considera legal um governo que permitia a organização de elementos de subversão direta como os Grupos de Onze, ou de Cinco,[48] respondeu que, mesmo legal, um governo compromete esta legalidade na medida em que não detenha movimentos subversivos de qualquer espécie, seja Grupos de Onze, seja revolta de marinheiros e fuzileiros.

PERGUNTADO se está disposto, inclusive, a combater pelas armas para tornar vitorioso o movimento comunista do Brasil, respondeu que, ainda uma vez mais, insiste na sua posição de cristão, que jamais lhe permitiria tal gesto. PERGUNTADO se nega que aliciou membros para o Partido ou para o Movimento Comunista do Brasil, respondeu que nega peremptoriamente. PERGUNTADO se tomou parte nas conferências do Partido Comunista do Brasil, realizadas em Pernambuco, nesses três últimos anos, respondeu que nunca

48 Os Grupos de Onze Companheiros, ou Grupos dos Onze, foram concebidos por Leonel Brizola em outubro de 1963, com objetivo de impulsionar a mobilização popular em defesa das reformas de base. Com apoio da União Nacional dos Estudantes (UNE) e do CGT, Brizola sugeria a formação de núcleos de base com onze integrantes, responsáveis pela organização local do apoio ao governo.

tomou parte, em tempo algum, em conferências no Recife, nem em parte alguma, do Partido Comunista.

PERGUNTADO se pertencem ao Movimento Comunista Brasileiro HIRAN PEREIRA,[49] GILBERTO AZEVEDO,[50] MIGUEL ARRAES, PELÓPIDAS SILVEIRA, respondeu que ao depoente não consta que PELÓPIDAS SILVEIRA e MIGUEL ARRAES pertencem ao Partido Comunista; quanto aos demais, desconhece. PERGUNTADO qual a sua opinião a respeito do comício de 13 de março, no Rio de Janeiro, com todo o aparato bélico, respondeu que o depoente não assistiu ao comício, mas pressentiu, pela linguagem empregada no mesmo, o agravamento da situação brasileira.

PERGUNTADO por que motivo negou suas relações mais [*p.* 2] íntimas com MARCOS JOSÉ DE CASTRO GUERRA,[51] respondeu que não se

**49** Hiran de Lima Pereira (1913-1975), jornalista e militante do PCB, redator do jornal *A Voz Operária*. Entre 1964 e 1966, viveu na clandestinidade no Recife, onde sua esposa e suas filhas foram detidas como reféns pelo 4º Exército. Foi preso, torturado e desaparecido pela ditadura em 1975, em São Paulo. Seu caso aparece no relatório da CNV, que demonstrou sua morte pela Operação Radar, a mesma que assassinou David Capistrano (CNV, 2012c, p. 1.618). Seu caso está relatado em detalhes em CNV (2012c, p. 1.750-3).

**50** Gilberto Azevedo (1930-1988), advogado, eleito deputado federal suplente pelo PTB do Pará em 1962. Beneficiou-se com a cassação de Américo Silva e assumiu o mandato em 1964. No ano seguinte, migrou para a Arena, partido de apoio à ditadura, mas foi cassado pelo Ato Institucional nº 5 (AI-5) em 1969. Foi representante comercial da Rede Globo. Recuperou seus direitos políticos pela Lei da Anistia de 1979.

**51** Marcos José de Castro Guerra (1941-) coordenou os círculos de cultura na alfabetização de Angicos e dirigiu o setor de Educação de

recorda o depoente de haver negado relações mais íntimas com MARCOS GUERRA, a quem conheceu quando da experiência de Angicos (RN), e em quem descobriu qualidades morais e cívicas e uma autêntica formação cristã. O depoente confiou e confia neste jovem. PERGUNTADO por que negou seu conhecimento de que em Angicos a percentagem de politização foi muito mais elevada que a de alfabetização, respondeu que, no seu depoimento anterior, dissera não se recordar dos resultados estatísticos da experiência de Angicos. Quanto ao aspecto da politização, continua o depoente a afirmar que a sua preocupação era a de conscientizar.

PERGUNTADO se pode, definitivamente, explicar qual a originalidade do sistema ou mesmo do método que quis apresentar com seu nome, respondeu que, mais uma vez, confessa, sinceramente, jamais se ter preocupado com originalidade. Sua intenção sempre foi trazer contribuição, pequena que fosse, à educação, sobretudo de adultos, entre nós. Daí que não pretendesse apenas alfabetizar em termos mecânicos, o que levou o sociólogo GILBERTO FREYRE, após expo-

---

Jovens e Adultos do Secern entre 1963 e 1964. Foi preso em 1964, na Companhia de Guardas do Recife (CEMV, 2012, p. 76). Foi secretário de Educação de Pernambuco (1991-1994) e consultor da Unesco, da Organização Internacional do Trabalho (OIT), da Organização das Nações Unidas para Alimentação e Agricultura (FAO) e do Fundo das Nações Unidas para a Infância (Unicef) (Guerra, 2013).

sição que o depoente lhe fez em sua (dele) residência, a afirmar ser o método do depoente de aculturar e não apenas de alfabetizar. Partindo de uma série de pressupostos, explicitados em seu artigo na revista *Estudos Universitários*, entre eles o de que o homem, pessoa e, por isso, sujeito, sabe, tentou um método ativo que fosse capaz de levar o homem cada vez mais a saber melhor. Fundamentou-se numa posição socrática – a dialogal, amorosa, humilde, criadora, por isso tudo, comunicativa. Serviu-se de técnica como as de debate, de redução e codificação. Considerando a via preponderantemente sensível de conhecer do homem comum, buscou a maneira de como já vinha fazendo o professor PAUL LENGRAND, colocar entre compreensão e ação um termo novo, que era pensar – organização de pensamento. Parecia possível ao depoente fazê-lo através de um método ativo, dialogal, que iniciasse o adulto analfabeto na discussão realmente importante do mundo da natureza e da cultura. E isto nunca tinha sido feito, sobretudo do modo como o depoente realizou. E este debate é fundamental para a descoberta que faz o analfabeto do papel do homem no mundo e com o mundo.

Acrescente-se ainda a motivação para o aprendizado da escrita e da leitura que resulta deste debate. Por outro lado, a pesquisa das palavras geradoras, como pensava o depoente, não apenas trazia uma dimensão mais real do mundo do analfabeto, mas ainda abria oportunidades valiosas para a análise de outros especialistas. A diminuição do número das palavras geradoras, a possibilidade oferecida ao analfabeto no primeiro contato com palavras escritas, de perceber e apreender o mecanismo fonêmico de formação vocabular de sua língua, levando-o a que, neste primeiro contato, crie palavras, são aspectos outros que parecem ao depoente válidos. Como válida, também, a partir de uma palavra geradora trissilábica, decomposta em suas famílias fonêmicas, a desnecessidade de outras palavras para a introdução da família fonêmica, dentro de uma ortodoxia analítico-sintética. Repete o depoente que não o moveu a originalidade, mas o interesse de servir a seu país.

PERGUNTADO, no que se refere à teoria do trânsito,[52] qual a situação do professor ÁLVARO VIEIRA PINTO,[53] do ISEB, do professor KARL

---

**52** A teoria do trânsito seria uma interpretação defendida por Paulo Freire (sem uso explícito dessa nomenclatura) sobre a transição brasileira de uma "sociedade fechada/autoritária" para uma "sociedade aberta/democrática". A interpretação foi desenvolvida em sua tese de doutorado, *Educação e atualidade brasileira*, de 1959, e consolidada no livro *Educação como prática da liberdade*, de 1967.
**53** Álvaro Vieira Pinto (1909-1987), filósofo brasileiro, autor de *Consciência e realidade nacional* (1960) e diretor executivo do Instituto Superior de Estudos Brasileiros (Iseb) entre 1962 e 1964. Teve seus direitos políticos e civis cassados pelo AI-1 e exilou-se na Iugoslávia e no Chile, onde conviveu com Paulo Freire.

POPPER,[54] respondeu que o professor ÁLVARO VIEIRA PINTO escreveu alguns trabalhos sobre [a] realidade brasileira, não tendo o depoente encontrado qualquer referência à conceituação de trânsito. Quanto ao professor POPPER, o depoente conhece um excelente e volumoso livro – *A sociedade democrática e seus inimigos* –, cujos conceitos, muito bem expendidos, influenciaram o depoente. A questão da conscientização, por exemplo, tem marcas de POPPER, como de outros professores, quando aquele defende a necessidade de uma mente clara, lúcida, crítica e aberta, indispensável à democracia.

PERGUNTADO se pretende ter originalidade pelo menos da "teoria do trânsito", respondeu que também jamais pensou em originalidade ao tentar uma explicação da sociedade brasileira como uma sociedade em trânsito.

PERGUNTADO se o depoente conhece [o livro] *Consciência e realidade nacional*, de Álvaro Vieira Pinto, respondeu que, apesar de possuir esta obra, ainda não a leu. PERGUNTADO se conhece *Nacionalismo e desenvolvimento*, de Cândido Mendes de Almeida,[55] e, em particular, *O intelectual*

---

**54** Karl Popper (1902-1994), filósofo da ciência britânico-austríaco e um dos maiores pensadores ocidentais do século XX. Influenciou diversas gerações de estudiosos da epistemologia científica.
**55** Cândido Mendes de Almeida (1928-2022) foi jurista e escritor. Durante a ditadura, manteve boa relação tanto com setores da oposição como com militares. Foi eleito para a Academia Brasileira de Letras em 1989.

*contra a universidade*, respondeu que fez uma leitura do primeiro livro citado e que não conhece o segundo. PERGUNTADO se confessa, agora, face aos rádios [*sic*] que lhe são apresentados, que o objetivo fundamental de sua alfabetização de adultos era a politização das massas, respondeu que, mesmo em face de alguns [*p.* 3] rádios que falam em politização, dirigidos ao depoente, insiste agora, como insistiu em seu depoimento anterior, em que sua intenção e seus objetivos jamais foram os de politizar, e sim de conscientizar, na acepção já várias vezes explicitada em seus depoimentos. Acrescenta ainda que, se alguns telegramas que lhe foram dirigidos falam de politização, em nenhuma de suas exposições, orais ou escritas, aqui ou fora daqui, jamais o depoente deixou de enfatizar a conscientização, em oposição à politização. Em seu artigo da revista *Estudos Universitários* está bem claro este aspecto. E esta permanente insistência em negar [que] seja a politização o seu objetivo deve-se exclusivamente à verdade. Ainda pode citar a exposição que fez à Comissão de Educação e Cultura da Câmara dos Deputados, em Brasília, se não lhe falha a memória, em agosto do ano passado, em que deixou bem objetivado esse aspecto. Essa exposição mereceu a análise positiva de vários deputados presentes, entre eles o deputado BRITTO VELHO,[56] do PL do Rio Grande do Sul, que pode ser consultado a respeito. O que houve no caso do jovem universitário MARCOS GUERRA, de cuja formação democrática sempre deu provas, foi equívoco conceitual.

PERGUNTADO se nega, agora, face aos documentos que lhe são apresentados, que a experiência de Angicos consistia em um plano vitorioso para envolver o governo federal, respondeu que, hoje, como ontem, como amanhã ou em qualquer tempo, o depoente nega [que] tivesse a experiência de ANGICOS, como outra qualquer de que tenha participado, objetivos subversivos, comunistizantes [*sic*], que se pretendesse com ela envolver o governo. As referências em telegramas do jornalista Calazans à possibilidade de ser o método adotado no país pelo então presidente retratam apenas a satisfação que tinha aquele jornalista, à frente da Secretaria de Educação do estado do Rio Grande do Norte, de ver partir esta aceitação de um experimento [a] que dera seu empenho. Acrescente-se ainda que aquele trabalho foi realizado com o conheci-

---

**56** Carlos de Britto Velho (1912-1988), deputado estadual entre 1947 e 1951, depois deputado federal entre 1963 e 1968. Foi membro da Comissão de Educação da Câmara e renunciou ao mandato após a edição do AI-5.

mento do governador Aluízio Alves[57] e sob os auspícios da Aliança para o Progresso.

PERGUNTADO se pode negar, agora, que trabalhava atraiçoando o Brasil, a Aliança para o Progresso, o governo estadual do RN e [o governo] federal e as próprias tradições cristãs da pátria, respondeu que, agora e sempre, nega e negará ter atraiçoado o seu país como também as tradições cristãs do povo brasileiro que, para o depoente, são suas convicções. Que o depoente se considera um pobre pecador, não há dúvida, mas um pecador que busca em Deus o remédio para suas quedas. O pecado, porém, de tê-LO traído, pretendendo substituí-LO por um mito, este o depoente não cometeu.

PERGUNTADO se pode negar que a experiência de ANGICOS foi uma experiência de aliciamento das massas para o movimento comunista do Brasil, respondeu que nega tal objetivo com absoluta paz de consciência. O depoente jamais se cansará de afirmar a sua inabalável fé cristã, inconciliável com o comunismo.

---

57 Aluízio Alves (1921-2006), governador do Rio Grande do Norte entre 1961 e 1966, quando contratou o sistema de alfabetização de Paulo Freire para aplicação no estado. Foi militante da UDN entre 1945 e 1957 e do Partido Social Democrático (PSD) até 1965, quando as agremiações políticas foram dissolvidas pelo AI-2. Teve os direitos políticos cassados pelo AI-5.

PERGUNTADO se pode negar que conhecia MARCOS JOSÉ DE CASTRO GUERRA, que sabia que o mesmo era marxista e que era um bom aliciador, respondeu que conheceu Marcos José quando da experiência de ANGICOS, como um jovem cristão católico, filho de tradicional família católica de Natal, não tendo surpreendido nele nenhum vestígio marxista. Continua o depoente a crer nas convicções cristãs católicas do jovem referido.

PERGUNTADO se pode negar que preparou, esteve presente e aprovou o Congresso de Alfabetização de Adultos realizado no Recife, respondeu que, na verdade, não preparou o Congresso de Alfabetização que se realizou no Recife em setembro do ano passado. Esteve presente em duas ocasiões: uma noite em que fez uma palestra, dia 19 de setembro, data de que se recorda por ser a de seu aniversário, e na do encerramento. Além disso, assistiu a alguns debates de comissões por se terem reunido duas delas na sede do Serviço de Extensão Cultural da Universidade do Recife, de que era diretor. É possível que o nome do depoente tenha constado de algum documento, pois, àquela época, era presidente da Comissão Nacional de Cultura Popular do MEC. E, como nada mais disse, nem lhe foi perguntado, deu o encarregado deste inquérito por findo o presente depoimento, mandando lavrar este termo que, depois de lido e achado conforme, assina com o indiciado, as testemunhas e comigo, capitão Noaldo Alves Silva, servindo de escrivão, que o datilografei.

# "QUANTO MAIS GRITAM POR REPRESSÃO, MAIS O MUNDO RESPONDE COM PAULO FREIRE"

## ENTREVISTA COM DIMAS BRASILEIRO VERAS[58]

Há mais de uma década, o historiador pernambucano Dimas Brasileiro Veras investiga a trajetória de Paulo Freire no Nordeste e os caminhos da sua pedagogia em diversos territórios, bem como as conexões criadas entre o Serviço de Extensão Cultural (SEC) da Universidade do Recife (UR) e as práticas de alfabetização nos interiores

58 Professor do Instituto Federal de Pernambuco (IFPE) e doutor em história pela Universidade Federal de Pernambuco (UFPE), onde atua como pesquisador da Cátedra Paulo Freire.

nordestinos antes do golpe de 1964. Em 1960, num Brasil com 40% de adultos que não sabiam ler e escrever, o Nordeste era a região com maior índice de analfabetismo. Angicos (RN) foi o município escolhido para a experiência-piloto da proposta de Paulo Freire justamente por se encontrar entre as localidades com as menores taxas de letramento do país.

Veras pesquisou as relações entre o trabalho de educação popular criado por Freire na UR e os territórios periféricos e populares. Tais pontes foram dinamizadas pelas inovações da pedagogia freiriana. A "extensão universitária" nasceu, naquele momento, como prática de educação popular, e não como um extensionismo unilateral e por vezes paternalista, tal como alertado pelo próprio Freire em seu ensaio *Extensão ou comunicação?*, de 1968.

Entrevistei Dimas para que o contexto dos interrogatórios do Inquérito Policial Militar (IPM) contra Paulo Freire se torne mais detalhado e colorido aos leitores e leitoras. Qual era, afinal, o trabalho freiriano concreto que gerou tantos temores nos militares responsáveis pelo golpe de 1964? E por que práticas freirianas até hoje produzem medos inconfessáveis nas correntes autoritárias do nosso tempo?

**JOANA** **Como foi posto em prática o método de alfabetização de Paulo Freire no Nordeste durante o governo João Goulart? O que sabemos sobre os educadores e alfabetizadores que o encamparam? Em que territórios atuavam?**

**DIMAS** O método Paulo Freire de alfabetização, ou sistema Paulo Freire, como preferiam chamar o educador e seus colaboradores, é a síntese do trabalho pedagógico e cultural de Paulo Freire no seu tempo fundante no Recife. Foi um momento histórico de crescente luta por cidadania encabeçada por movimentos sociais, trabalhadores do campo e da cidade e pela intelectualidade progressista no decurso da Quarta República Brasileira (1946-1964). Pensar, desse modo, a genealogia do método Paulo Freire é refletir sobre as descobertas e as experiências de um educador amoroso e sobre as potencialidades da cultura e da educação pautadas no diálogo e na humanização.

A práxis de ensino e aprendizagem freireana desenvolveu-se pouco a pouco ao longo da caminhada dodiscente[59] do educador pela Faculdade de Direito do Recife (FDR), pela rede particular de ensino da capital pernambucana (Colégio

59 "Dodiscência" é um conceito freiriano que mistura as palavras "docente" e "discente" para designar o papel duplo de cada sujeito no processo educativo: o educando que educa, o educador que também é educado.

Oswaldo Cruz, Instituto Capibaribe e Americano Batista, entre outros), pelo Serviço Social da Indústria (Sesi), pela UR, pelo Movimento de Cultura Popular (MCP), pelo SEC da UR, pela Comissão Nacional de Cultura Popular e, finalmente, pelo Programa Nacional de Alfabetização.

Ao longo desse itinerário, Paulo Freire desenvolveu, com educadores e trabalhadores da indústria vinculados ao Sesi, a metodologia dos círculos de cultura enquanto ferramenta dialógica de conscientização para as questões da cidadania e dos direitos humanos. Os círculos de cultura eram organizados em centros, praças e parques de cultura, associações beneficentes, clubes de futebol, igrejas, sociedades de amigos de bairro, entre outros espaços populares. Para abertura do círculo de cultura havia todo um trabalho de divulgação, de levantamento temático comunitário, de preparação dos recursos didáticos, de organização do espaço pedagógico e de realização do debate e diálogo do círculo.

Ainda em 1961, Paulo Freire passou a utilizar o círculo de cultura para alfabetizar adultos no Centro de Cultura Dona Olegarinha, do MCP. Esse antigo reduto abolicionista do século XIX localizava-se na comunidade ribeirinha do Poço da Panela. Ao longo do trabalho, o educador substituiu as cartilhas de alfabetização pelas ferramentas do círculo de cultura: o debate, o diálogo, os projetores, a pesquisa do universo vocabular,[60] a discussão do conceito antropológico de cultura e a escolha das palavras geradoras para alfabetização.

Por meio de artigos publicados na revista *Estudos Universitários* e no *Boletim de Atividades* do SEC, Paulo Freire e sua equipe refletiram cientificamente sobre essas primeiras experiências. No início de 1963, o SEC recebeu o convite para organizar um círculo de cultura de alfabetização no Rio Grande do Norte, em Angicos. O batismo de fogo do método Paulo Freire contou, na cerimônia de encerramento, com a presença do então presidente João Goulart (1961-1964).

O sucesso da empreitada resultou na criação da Comissão Nacional de Cultura Popular e, depois, do Programa Nacional de Alfabetização, que, sob a presidência de Paulo Freire, deveria criar 60.870 círculos de cultura do sistema Paulo Freire para erradicar o analfabetismo do Brasil. Em meu livro *Sociabilidades letradas no Recife*, pude identificar que a equipe de Paulo Freire no SEC formou educadores no método Paulo Freire nos estados do Rio Grande do Norte, Paraíba, Sergipe, Alagoas, Maranhão,

---

60 Referente ao vocabulário cotidiano mais significativo de diferentes grupos populares, pesquisado no sistema freiriano como preparo para a alfabetização.

Bahia, Pará, Rio de Janeiro, São Paulo, Minas Gerais, Rio Grande do Sul, Paraná, Goiás e Distrito Federal.

Ademais, no momento estamos desenvolvendo uma pesquisa com os relatórios nacional e regionais das comissões da memória e da verdade, auxiliada por Emilly Mendonça e Thais Lucena, estudantes do ensino médio integrado ao técnico, com o objetivo de mapear as graves violações dos direitos humanos cometidas pelas forças golpistas e ditatoriais de 1964 contra Paulo Freire e seus interlocutores.

A investigação histórica tem revelado como os crimes de lesa-humanidade no campo educacional atingiram, sobretudo, educadores, educadoras e estudantes praticantes do método Paulo Freire. O estudo prosopográfico mostra a participação desses sujeitos nos movimentos de cultura popular (por exemplo, a Campanha de Educação Popular da Paraíba ou o movimento "De pé no chão também se aprende a ler", do Rio Grande do Norte), na Igreja cristã (como a Juventude Universitária Católica) e no movimento estudantil (como a Ação Popular).

**JOANA Antes do golpe, qual era o papel social do SEC da UR? Como a universidade se apropriou da educação popular proposta por Freire naquela época?**

**DIMAS** O SEC da UR foi criado numa conjuntura de acirramento da luta de classes e da repressão conservadora ao movimento de reforma universitária e aos movimentos de educação e cultura popular. Nesse sentido, uma greve nacional dos estudantes, iniciada com a ocupação da FDR em maio de 1961, motivou a abertura de uma comissão de reforma universitária cujos trabalhos oportunizaram a criação do SEC.

O gatilho da revolta estudantil foi a repressão à palestra de Celia de la Serna no salão nobre da FDR. A mãe do revolucionário Ernesto Che Guevara contestara a sabotagem institucional de sua conferência, por meio do desligamento da energia do edifício, declarando: "*Se apagan las luces, pero no se apaga la verdad. Es mejor hablar a la luz de unas velas que a la luz de Light, una empresa corrupta e imperialista, explotadora del pueblo brasileño*".

Se o reitor João Alfredo viabilizou politicamente a criação do SEC, em 8 de fevereiro de 1962, Paulo Freire foi certamente seu grande idealizador. Para viver a utopia de uma universidade popular, o SEC possuía um organograma que contemplava setores de educação, documentação, cinema, teatro, rádio e televisão, numa bela síntese do ideário freireano de fundir educação e cultura, antropologia e pedagogia.

Os setores educacionais do SEC deveriam realizar eventos pedagógicos, cursos de extensão, pesquisas sobre a realidade e a cultura brasileira e projetos de educação popular. O setor de documentação se desdobrava entre os trabalhos de arquivo da UR e da comunicação social universitária. Os setores de cinema, teatro, rádio e televisão deveriam, por sua vez, dialogar com iniciativas populares e estudantis de arte e mídia, bem como criar o projeto da rádio universitária da UR.

Ao longo dos anos, os setores se concentraram gradualmente em torno de três programas estruturantes: o método ou sistema Paulo Freire de educação, a Rádio Universidade e a revista *Estudos Universitários*. Entre trabalhadores permanentes, temporários e voluntários, a equipe do SEC era composta por Jarbas Maciel, Juracy de Andrade, padre Paulo Menezes, padre Almeri Bezerra, Elza Freire, Dulce Chacon, Judite Ribeiro, Maria Adozinda Monteiro da Costa, Astrogilda de Carvalho Paes de Andrade, Dulce Campos, Aurenice Cardoso, Hugo Martins, Severino Vieira, Marcius Cortez, Francisco Bandeira de Mello, Arthur Carvalho, Pierre Furter, Luiz Costa Lima, Jomard Muniz de Brito, Orlando da Costa Ferreira, José Laurenio de Melo, Sebastião Uchoa Leite, Roberto Cavalcanti de Albuquerque, Paulo Pacheco e Plácido Mendes Lima.

Após os círculos de cultura de Angicos, no primeiro semestre de 1963, o compartilhamento do método Paulo Freire de educação se tornou o eixo central do SEC. Para tanto, a equipe Paulo Freire de extensão começou a formar grupos volantes de divulgação do sistema educacional, dando assim maior liberdade aos quadros permanentes do SEC para que se dedicassem à preparação da segunda etapa da práxis pedagógica. Em meados de 1963, o método Paulo Freire foi nacionalizado pela Comissão Nacional de Cultura Popular e pelo Programa Nacional de Alfabetização.

Em paralelo, outro braço do SEC, a revista *Estudos Universitários*, deu voz aos debates políticos e culturais dos anos 1960, tal qual um caleidoscópio temático daqueles anos, antecipando desse modo a voz crítica contra a ditadura da revista *Civilização Brasileira*. Com secretaria de Luiz Costa Lima e design gráfico de Orlando da Costa Ferreira, o editorial defendia uma concepção "realista de cultura" como um "ato de coragem". A revista possuía seções de ensaios e resenhas nas quais foram publicados os primeiros estudos sobre o sistema Paulo Freire de educação. Participei em 2009 da comissão editorial especial que retomou a publicação da revista, que está em circulação desde então.

Finalmente, a Rádio Universidade, cujo slogan era "uma rádio a serviço da democratização da cultura", foi inaugurada experimentalmente em setembro de 1962, sob a direção de José Laurenio de Mello, que trazia na bagagem anos de trabalho na BBC de Londres e que contou com a colaboração de Paulo Freire, Hugo Martins, Ana Canen (sua companheira), Paulo Rosas, Gadiel Perruci, Marcius Cortez, Jarbas Maciel e Luiz Costa Lima.

A linha da Rádio Universidade era fundamentalmente educativa, de tal modo que mesmo os programas musicais eram normalmente precedidos de uma pequena apresentação sobre o autor, o gênero e a história do que se ia ouvir. A Rádio Universidade foi transformada em 2018 em Rádio Paulo Freire, "a rádio que fazemos juntos", um importante meio de comunicação público e espaço de formação, investigação e diálogo social transformador da sociedade em nossos dias.

JOANA **Qual foi a dimensão e o papel do MCP no Nordeste?**

DIMAS Criado em 13 de maio de 1960, durante a prefeitura de Miguel Arraes (1960-1962) pela Frente Popular do Recife, o MCP reuniu educadores de matriz católica como Germano Coelho, Norma Coelho, Anita Paes Barreto, Josina Godoy, Paulo Freire, Elza Freire, Paulo Rosas etc., junto com artistas do antigo Atelier Coletivo, como Abelardo da Hora, José Claudio, Guita Charifker, entre outros.

Cinco fluxos ajudam a pensar o surgimento do MCP: a potência das expressões, das festividades e dos brincantes populares no Nordeste do Brasil, através de suas agremiações, associações, escolas etc.; as campanhas de alfabetização dos anos 1950, com ampla participação de educadores progressistas pernambucanos; a presença política marcante do Partido Comunista Brasileiro (PCB) e outras forças de esquerda reunidas na Frente Popular do Recife, nos anos 1950 e 1960, elegendo dois prefeitos (Miguel Arraes e Pelópidas Silveira) e um governador (Miguel Arraes); a experiência do Atelier Coletivo, nas margens do Rio Capibaribe, na Rua da Aurora, nos anos 1950, sob a liderança de Abelardo da Hora, artista plástico e militante do PCB; a vivência de Germano Coelho, futuro presidente do MCP, e Norma Coelho na Universidade Sorbonne, sobretudo em movimentos que inspiraram a criação do MCP, entre eles o Peuple et Culture, de Joffre Dumazedier, A Fonte, de Roger Cousinet, e Economia e Humanismo, do padre Lebret, este último com longa passagem pelo Recife nos anos 1950.

O MCP promoveu seu programa de educação e cultura popular por meio de escolas comunitárias, cursos de educação de adultos, escolas radiofônicas, programas de saúde pública, Teatro de Cultura Popular (TCP), Galeria de Arte do Recife, exposições, eventos populares, parques e praças de cultura. Até 1962, o MCP fundou 202 escolas comunitárias por toda a mancha urbana do Recife, depois herdadas pela Secretaria de Educação da prefeitura da capital.

A experiência pioneira do MCP inspirou inúmeros movimentos de cultura e educação popular por todo Brasil, como o Movimento de Educação de Base (MEB), criado pela Confederação Nacional dos Bispos do Brasil (CNBB) em 1961, os Centros Populares de Cultura (CPC) da União Nacional dos Estudantes (UNE) em 1962, e o próprio SEC, também em 1962. Num artigo na revista *Civilização Brasileira* de 1966, o poeta e antigo colaborador do SEC, Sebastião Uchoa Leite, lista algumas dezenas de movimentos de cultura e educação popular que floresceram na primavera aberta pelo MCP e que se reuniram no Recife, em setembro de 1963, no I Encontro Nacional de Alfabetização e Cultura Popular.

JOANA **Como o golpe de 1964 e a repressão atingiram a UR, os educadores do SEC e do MCP?**

DIMAS O impacto social dos projetos de universidade popular do SEC e do MCP suscitou, ainda em 1963, uma campanha de desinformação jornalística anticomunista com discursos de ódio contra os movimentos sociais e sujeitos progressistas, cujo efeito imediato na UR foi o empastelamento da revista *Estudos Universitários*, em dezembro do mesmo ano. Essa campanha midiática antidialógica produziu, igualmente, as denúncias falsas que alimentaram o expurgo político e as violações dos direitos humanos no campo educacional e cultural no decurso da Operação Limpeza.[61]

De maneira específica, a sede do SEC, a Rádio Universidade e a sede do MCP foram invadidas e vandalizadas pelas forças civis, policiais e militares golpistas no dia 1º de abril de 1964. Dois tanques de guerra foram estacionados na frente do casarão histórico do Sítio da Trindade, sede do MCP e antigo Arraial Velho do Bom Jesus, foco de resistência ao invasor holandês no século XVII. Na frente do MCP e do SEC, uma grande fogueira foi feita para queimar os recursos didáticos, os arquivos, os livros e outros documentos dessas organizações.

O estudante secundarista Jonas José de Albuquerque, militante do MCP e do PCB, e o estudante Ivan Rocha de

---

**61** A Operação Limpeza teve início com o AI-1 de 9 de abril de 1964. Era uma operação militar de perseguição política, vigilância, repressão, prisões, demissões, assassinatos e desaparecimentos de brasileiros considerados "subversivos" e opositores ao golpe. A operação afetou sobremaneira as universidades, demitindo, prendendo e torturando estudantes e professores envolvidos com educação e cultura popular. No âmbito legislativo, até dezembro de 1964 foram cassados 50 parlamentares (entre os quais Juscelino Kubitschek e Leonel Brizola), 43 deputados estaduais e 10 vereadores. No Judiciário, foram afastados 49 magistrados. No serviço público, foram demitidos 1.408 funcionários. No Exército, foram expulsos 1.200 militares. Mais de 100 pessoas perderam os direitos políticos no decorrer de 9 meses.

Aguiar foram fuzilados a queima roupa pelo major Hugo Caetano Coelho de Almeida durante o protesto contra o golpe realizado no centro do Recife naquele mesmo dia.

Já os colaboradores do MCP e do SEC foram presos e interrogados e, por fim, sumariamente aposentados, demitidos e exonerados no bojo de inquéritos administrativo e policial militares acionados pelo Ato Institucional nº 1 (AI-1). Esses sujeitos do campo educacional receberam, ademais, os estigmas da subversão e da corrupção, tendo assim carreira e vida pessoal golpeadas pelos atos repressivos da ditadura.

Contra aqueles que conseguiram driblar a repressão se autoexilando em outros estados brasileiros, o AI-5, de 1968, abriu um novo ciclo repressivo, com novas prisões, interrogatórios e afastamentos profissionais compulsórios. Um exemplo foi a demissão, da Universidade Federal da Paraíba (UFPB), do professor Jomard Muniz de Brito, braço direito de Paulo Freire na Comissão Nacional de Cultura Popular.

JOANA **Na sua opinião, por que Paulo Freire voltou a ser "perseguido" pela direita brasileira nos últimos tempos?**

DIMAS Como tem apontado a historiografia, apesar da vitória política e militar do golpe de Estado de 1964, de sua institucionalização e reabertura sem justiça de transição e com anistia para agentes do Estado responsáveis por crimes de lesa-humanidade, o campo progressista levou a melhor na batalha da memória e da cultura. A ascensão de Paulo Freire e outros sujeitos do campo da esquerda são um indício da conquista dessa luta por corações e mentes. Despida a fantasia "revolucionária" dos militares, apenas restava a aparência odiável e nojenta de viúvos da ditadura.

No entanto, a crise de 2008 tirou dos esgotos as forças retrógradas da direita. Apoiados na estratégia militar da guerra híbrida e da guerra cultural, a nova direita internacional passou a empregar táticas de desinformação nas redes sociais, as famigeradas fake news. Em contrapartida, no Brasil, os trabalhos da Comissão Nacional da Verdade (CNV) impunham conquistas no campo do direito humano à verdade e à memória.

Rastejando pelos dutos da internet, as forças reacionárias despejaram um rio de desinformação nos celulares dos mais variados rincões do Brasil e do mundo. Os afetos de medo e nojo, acionados diretamente nas massas, promoveram uma mobilização conservadora composta de ódio. Para legitimar a agenda de austeridade e supressão de direitos, uma nova guerra psíquica tem como alvo, mais uma vez, os agentes, as organizações, as instituições e os programas progressistas — entre eles, claro, o mais importante intelectual em língua portuguesa no mundo, o brasileiro Paulo Freire.

Paralelamente às fake news, emerge no Brasil uma plataforma monstruosa de projetos educacionais bancários e impopulares: escola sem partido, escolas cívico-militares, revogação do título de Patrono da Educação Brasileira de Paulo Freire, fim da gratuidade do ensino superior público, contrarreforma do ensino médio, base nacional comum curricular, *home-schooling* etc.

No entanto, quanto mais urram os reacionários contra Paulo Freire, mais os livros do educador são procurados e vendidos. Outrossim, multiplicaram-se as pesquisas, as publicações (como esta), as cátedras e os grupos de pesquisa sobre o seu legado. Percebemos que, quanto mais gritam por repressão, mais o mundo responde com Paulo Freire e a pedagogia do oprimido.

# REFERÊNCIAS

CEMV — COMISSÃO ESTADUAL DA MEMÓRIA E VERDADE DOM HÉLDER CÂMARA. Relatório Final, v. 2, 2012.

CNV — COMISSÃO NACIONAL DA VERDADE. Relatório Final, v. 1, 2012a.

CNV — COMISSÃO NACIONAL DA VERDADE. Relatório Final, v. 2, 2012b.

CNV — COMISSÃO NACIONAL DA VERDADE. Relatório Final, v. 3, 2012c.

FREIRE, Paulo. *Educação como prática da liberdade.* Rio de Janeiro: Paz e Terra, 1967.

FREIRE, Paulo. *¿Extensión o comunicación?* Santiago: Icira, 1969.

FREIRE, Paulo. *Ação cultural para liberdade e outros escritos.* 5 ed. São Paulo: Paz e Terra, 1981.

FREIRE, Paulo. *Pedagogia da esperança.* 17 ed. São Paulo: Paz e Terra, 2011.

FREIRE, Paulo. *Pedagogia do oprimido.* 65 ed. São Paulo: Paz e Terra, 2018.

FREIRE, Paulo & GUIMARÃES, Sergio. *Aprendendo com a própria história.* 3 ed. São Paulo: Paz e Terra, 2010.

GUERRA, Marcos. "40 horas de Angicos: vítimas da Guerra Fria?", *Revista de Informação do Semiárido,* v. 1, n. 1, p. 22-46, jan.-jun. 2013.

HADDAD, Sérgio. *O educador: um perfil de Paulo Freire.* São Paulo: Todavia, 2019.

HOLST, John D. "Paulo Freire in Chile, 1964-1969: *Pedagogy of the Oppressed* in Its Sociopolitical Economic Context", *Harvard Educational Review,* v. 76, n. 2, 2006, p. 243-70.

INTERROGATÓRIOS DO INQUÉRITO POLICIAL MILITAR CONTRA PAULO FREIRE. Centro de Referência do Instituto Paulo Freire. Caixa FPF_MPF_02.

KIRKENDALL, Andrew. *Paulo Freire and the Cold War Politics of Literacy.* Chapel Hill: University of North Carolina, 2010.

MACIEL, Jarbas. "A fundamentação teórica do sistema Paulo Freire", *Estudos Universitários*, n. 4, 1963.

MOTTA, Rodrigo Patto Sá. *As universidades e o regime militar.* Rio de Janeiro: Zahar, 2014.

PRONTUÁRIO INDIVIDUAL DE PAULO REGLUS NEVES FREIRE. Arquivo Público Estadual Jordão Emerenciano. Dops-PE, n. 45.272, Fundo 21.440.

ROMO, Andrés Donoso. *A educação emancipatória: Iván Illich, Paulo Freire, Ernesto Guevara e o pensamento latino-americano.* São Paulo: Edusp, 2020.

VASCONCELOS, Joana Salém. *"O lápis é mais pesado que a enxada": reforma agrária no Chile e pedagogias camponesas para transformação econômica (1955-1973).* Tese de doutorado. São Paulo: Universidade de São Paulo, 2020.

VASCONCELOS, Joana Salém. "Pedagogia do oprimido: documento da reforma agrária no Chile", *Comunicação & Educação*, v. 26, n. 2, p. 89-105, 2021.

VERAS, Dimas Brasileiro. "A queda do reitor João Alfredo: ação midiática conservadora e a repressão aos dirigentes universitários no Golpe de 1964", *Topoi*, v. 22, p. 228-48, 2021.

FOTO: ARQUIVO PESSOAL

**JOANA SALÉM VASCONCELOS** é historiadora graduada pela Universidade de São Paulo (2010), mestra em desenvolvimento econômico pela Universidade Estadual de Campinas (2013) e doutora em história econômica pela Universidade de São Paulo (2020). É autora da tese *"O lápis é mais pesado que a enxada": reforma agrária no Chile e pedagogias camponesas para transformação econômica (1955-1973)*, que aborda o papel de Paulo Freire na reforma agrária chilena durante seu exílio, e do livro *História agrária da revolução cubana: dilemas do socialismo na periferia* (Alameda, 2016), e co-organizadora de *Cuba no século XXI: dilemas da revolução* (Elefante, 2017) e de *Paulo Freire e a educação popular: esperançar em tempos de barbárie* (Elefante, 2023). É professora visitante da Universidade Federal do ABC. Desde 2010, atua como educadora popular na Rede Emancipa. Também é coordenadora editorial da revista *Latin American Perspectives* e autora de artigos e dossiês sobre América Latina contemporânea. Sua produção acadêmica completa está disponível em: https://fflch.academia.edu/JoanaSalemVasconcelos.

Primeira edição, abril de 2024
Primeira reimpressão, outubro de 2025
São Paulo, Brasil

---

Dados Internacionais de Catalogação na Publicação (CIP)
Angélica Ilacqua CRB-8/7057

---

Inquérito Paulo Freire: a ditadura interroga o educador / organizado por Joana Salém Vasconcelos. — São Paulo : Elefante, 2024.
128 p.

Bibliografia
ISBN 978-65-6008-037-9

1. Ditadura militar 2. Freire, Paulo, 1921-1997 I. Vasconcelos, Joana Salém

24-1295 CDD 321.9

---

Índice para catálogo sistemático:
1. Ditadura militar

---

***elefante***
editoraelefante.com.br
contato@editoraelefante.com.br
fb.com/editoraelefante
@editoraelefante

TIPOGRAFIA Anton, Nexus Sans, Serif & Typewriter
PAPEL Cartão Supremo 250 g/m² & Pólen Bold 90 g/m²
IMPRESSÃO Margraf